PETITES
ANGOISSES
ET GROSSES
PHOBI S

E

Conception graphique : **DOUBLE**

ISBN : 2-02-040272-6

Christophe André & Muzo

PETITES ANGOISSES ET GROSSES PHOBI S

SEUIL

INTRODUCTION

Vous êtes du genre à ne pas fermer l'œil de la nuit au moindre souci?

Vous avez le trac dès que plus de deux personnes vous écoutent ou vous observent?

Vous n'aimez pas prendre l'avion, le métro, l'ascenseur?

Vous ne supportez pas les chiens, les pigeons, les insectes?

Vous étouffez dès que vous êtes coincé(e) à la caisse d'un grand magasin ou dans un embouteillage?

Vous avez tendance à trop vous laver les mains, à toujours vérifier que vous avez bien refermé les portes, à sacrifier à des superstitions absurdes?

Alors ce livre parle de vous!

Pas seulement de vous, d'ailleurs, mais sans doute aussi de l'un de vos proches, voire de la plupart d'entre eux… En vérité, ce livre parle du genre humain dans son ensemble car l'anxiété, pour le meilleur et pour le pire, fait partie de notre identité. Nous sommes vivants, intelligents, sensibles et vulnérables… donc nous sommes anxieux.

L'anxiété n'a d'ailleurs pas que des inconvénients, elle peut nous permettre d'être plus vigilants dans la vie de tous les jours et peut nous éviter, parfois, certains dangers.

Mais tout est question de dose: chez certains, l'anxiété peut devenir une véritable pathologie, témoignant d'un dérèglement de notre système psychique d'alarme. Être timide n'est pas une maladie; mais dans certains cas, la timidité est en fait une phobie sociale. Douter et vérifier qu'on a bien refermé sa porte arrive à tout le monde; mais répéter la manœuvre vingt fois de suite, comme dans le TOC (Trouble Obsessionnel Compulsif) représente un vrai handicap. Beaucoup de personnes se sentent un peu mal à l'aise dans les lieux clos mais il existe aussi de véritables claustrophobes, qui ressentent de violentes paniques, qui ne peuvent pas supporter un col de chemise fermé, préfèrent grimper trente étages à pied plutôt que d'utiliser un ascenseur.

Longtemps sous-estimée dans sa fréquence et parfois dans sa sévérité, l'anxiété est aujourd'hui l'objet de très nombreux travaux scientifiques qui ont abouti à des progrès importants. On en connaît assez bien les mécanismes. On sait aussi la soigner lorsque c'est nécessaire car si les craintes des anxieux sont parfois imaginaires, leurs souffrances ne le sont jamais.

Pour autant, il n'y a pas d'un côté des « névrosés » et de l'autre des « bien portants » juste un peu stressés de temps en temps. Nous savons aujourd'hui qu'il n'existe pas de frontière nette entre anxiété normale et anxiété maladive. D'ailleurs, en parcourant cet ouvrage, vous ressentirez peut-être le vertige habituel du lecteur d'encyclopédie médicale, qui se sent atteint de presque tous les symptômes ! En effet, puisque nous sommes tous un peu anxieux, qu'est-ce qui est normal, et qu'est-ce qui l'est moins ? Où se situe le « seuil », comme disent les psychiatres ? Où finit l'inconfort, et où commence le handicap ? Où se termine la gêne, et où démarre la maladie ?

Nous espérons que cet ouvrage vous permettra d'y voir plus clair, et de prendre du recul par rapport à vos angoisses. Vous n'êtes pas tout seuls !

Et ça se soigne !

Les auteurs

Quelque part, dans un square...
il me rappelle quelqu'un ce gamin...
mais attends... j'ai déjà vu cette tête quelque part...
excusez-moi, vous ne seriez pas...
MAIS OUI!
ah ben ça alors!
dis donc, ça fait un bail! depuis quand on s'est pas vus?
depuis le CM2, je crois!
tu te souviens, la mère Lefèvre, c'était pas une marrante!
et te voilà père de famille maintenant!
c'est fou ce qu'il te ressemble!

et alors, qu'est-ce que tu fais dans la vie, à part te balader dans les squares ?
psychiatre. et toi ?
dessinateur.
et ça marche ?
pas mal. je fais des livres.
c'est pas vrai ! moi aussi !
non ?!
incroyable !
tu sais... je pense à un truc...
on pourrait faire un bouquin ensemble !
d'accord, mais il faudrait que tu arrêtes de répéter tout ce que je dis, parce que là ça commence à être pénible !

1

BON.
L'ANG

JOUR OISSE!

DES PETITS SOUCIS À L'ANXIÉTÉ GÉNÉRALISÉE

Vas-y doucement, c'est hyper-fragile!
Fais gaffe ça glisse, y'a pas de prise.
Moi je trouve qu'il aurait été mieux sur ton bureau.
Ça va pas non?!
Jamais près d'une source de chaleur!
T'as pas vu le radiateur?
Bon, avant toute chose, lire les instructions du manuel!
Mais... qu'est-ce que tu fais?!
Ben, je le branche...
Mais arrête t'es malade!
Faut le faire en dernier! C'est écrit là!
MANUEL
Et pas sur cette prise! il faut une prise de terre! Tu veux qu'il arrive un accident?
Alors t'es sympa, tu me laisses faire!
Voilà, c'est bon.
Très important: il faut toujours allumer l'ordinateur avant le moniteur!
Eh! T'as déjà un e-mail!
!

Tu l'ouvres pas ?
merde, merde, merde !
T'es fou ? Et s'il était porteur d'un virus ?
J'ai un copain, on lui a dit que ça pouvait faire fondre le disque dur !
Alors...
CHUT !
T'entends pas un bruit ?
oui... ça doit être la soufflerie...
non, c'est un bruit anormal !
Si ça se trouve, il y a un virus qui est déjà passé !!
IL DÉVORE MON DISQUE DUR !!!
Mais attends...
Arrête ! T'as même pas lu la notice !
T'y connais rien !
Mais comment je vais me sortir de ce pétrin ??!
Tiens.
C'est quoi ? le numéro de la hot-line ?
Non, celui d'un psychiatre.

On m'a proposé un boulot.
je commence à 10 000 euros par mois.
On me loge dans un appartement de 300 mètres carrés
Avec piscine
Avec possibilité rapide d'avancement.
Avec voiture de fonction, bien sûr.
Et en plus, pas grand-chose à faire.
Alors je me suis dit: "Pourquoi moi?"
Si c'est pour être viré dans deux ans, c'est pas la peine.
J'ai refusé.
Tu comprends, j'aurais pas supporté!

1. SOUCIS ET INQUIÉTUDES : QU'EST-CE QUE L'ANXIÉTÉ ?

Comment définir l'anxiété ?

L'anxiété, c'est l'attente plus ou moins consciente d'un danger, d'un problème à venir. La personne pense à l'avance aux éventuelles difficultés qui pourraient survenir. Elle peut, de ce fait, se sentir tendue, avant même que les problèmes ne soient survenus, ou avant même d'avoir repéré précisément ce qu'elle redoute (les psychiatres appellent parfois l'anxiété une « peur sans objet »).

L'anxiété : une question de dosage

L'anxiété peut s'avérer un phénomène utile, quand elle attire notre attention sur des dangers réels, dans des situations où il y a un enjeu ou un risque : le souci, l'inquiétude servent alors à prendre des précautions pour éviter les ennuis. Mais, il en est de l'anxiété comme de beaucoup de bonnes choses : il n'en faut ni trop ni trop peu…

Trop peu d'anxiété va parfois nous mettre en danger. Trop d'anxiété va, à l'inverse, inhiber et épuiser la personne.

PAS ASSEZ ANXIEUX

TROP ANXIEUX

Existe-t-il des personnes insuffisamment anxieuses ?

La propension à l'anxiété varie beaucoup selon les personnes. Certains individus sont dotés d'une capacité excessive à ressentir de l'inquiétude, nous en reparlerons… D'autres sont particulièrement peu anxieux, ce qui leur permet indiscutablement un certain bien-être. Mais l'absence d'anxiété peut parfois entraîner quelques soucis pour eux ou leur entourage (« Zut ! j'ai oublié de passer prendre les enfants à l'école ! »).

UNE FEMME PEU ANXIEUSE
Récapitulons!
j'ai reçu un coup de téléphone de l'école au boulot.
Les enfants attendaient. Ils étaient les derniers ; pourtant c'est toi qui devais aller les chercher!
D'accord, tu étais dans les embouteillages... mais à cette heure-là, tu aurais pu prévoir!
Ensuite, ils étaient trempés. Si tu avais écouté la météo, tu aurais su que le beau temps n'allait pas durer!
j'arrive donc à la maison...
...et là, il y avait les Martin qui attendaient!
D'accord, tu croyais qu'ils devaient venir demain, mais tu aurais pu vérifier!
Après tout, c'est toi qui les as invités!
Alors je me dis : on va quand même essayer de faire un repas correct!
Mais le frigo était vide!
Pourtant, tu m'avais dit que tu ferais les courses!
je sais, t'as pas pu, ta mère t'a appelée et quand elle a fini, les magasins étaient fermés! Mais tu aurais pu abréger!
je suis allé en catastrophe chez l'épicier.
Mais au moment de payer, je me suis aperçu que tu avais vidé le porte-monnaie!
Tu pensais que tu aurais le temps de remettre de l'argent, d'accord...
heureusement, il m'a fait crédit!
Alors, qu'as-tu à me dire?
Mon chéri, tu es formidable!

PENSÉES

ANXIEUSES

Moi, c'est Michel Darc.
D comme Diabète
A comme Alzheimer
R comme Redressement fiscal
C comme Cocu

2. LES PERSONNALITÉS ANXIEUSES

Parfois, l'anxiété n'est plus seulement réactionnelle face à des difficultés quotidiennes, mais devient un trait de personnalité, une façon d'être : la personne a alors une vision du monde marquée par l'anxiété, prévoyant toujours le pire, de manière consciente ou non.

Quelques traits caractéristiques des personnalités anxieuses :

• ces personnes sont dans l'anticipation constante (« Que va-t-il se passer ensuite ? ») ;

• elles ont tendance à toujours penser que le pire est probable ou du moins plausible (« S'il y avait un problème, si ça tournait mal ? ») ;

• elles s'entourent alors du maximum de précautions possibles pour éviter les difficultés auxquelles elles ont songé (« Mieux vaut prendre ses précautions, on ne sait jamais »).

Pour toutes ces raisons, le moindre événement quotidien va devenir une affaire très compliquée. Prenons l'exemple d'un pique-nique en famille. Dès qu'il a été décidé, l'anxieux commence à y penser même si c'est dans quinze jours, il en parle tout le temps : « À quelle heure on partira, qu'est-ce que vous voudrez manger, on ira où ? » La veille, des angoisses majeures l'assaillent : « Fera-t-il beau ? Y aura-t-il des armées de fourmis rouges affamées dans l'herbe ? Des hordes de pique-niqueurs ne seront-elles pas arrivées dès l'aube pour prendre les meilleurs coins ? » Le tout sur fond de précautions multiples : étude attentive des bulletins météo, trousse de secours, sacs d'imperméables et de bottes, crème solaire, chapeaux, bombes insecticides, constitution d'un stock de nourriture considérable, etc. À tel point que l'entourage finit souvent par dire : « Laisse tomber, on déjeune à la maison, comme d'habitude… »

LE COUP DUR.
DRIIING!
VAS-Y TOI!
NON! Déjà la dernière fois c'était moi!
...Allô...
Alors?...
Accroche-toi...
Ils nous invitent à dîner!
OH NON!
Ça devait arriver!
Oh non... Mais pourquoi faut toujours que ça tombe sur nous?
Mais où est-ce qu'on va se garer?

Comment les anxieux voient-ils l'existence ?

Le regard de ces personnes repose sur un double déséquilibre dans leur vision du monde. Ils perçoivent l'environnement comme étant plein de dangers potentiels. Dans leur vision d'eux-mêmes et de leurs proches, ils se perçoivent vulnérables et fragiles.

Qu'est-ce qui inquiète les anxieux ?

- Tous les vrais problèmes, bien sûr, qu'on va amplifier : c'est par exemple la mauvaise note d'un enfant à l'école qui pousse le parent anxieux à l'imaginer chômeur à vie ou délinquant.
- Tous les événements incontrôlables ou imprévisibles : l'avenir (« Est-ce que j'aurais toujours mon travail dans cinq ans ? »), la météo (« Fera-t-il beau ce week-end pour le barbecue ? »), une sortie chez des amis habitant au centre-ville (« Où va-t-on se garer ? »), une soirée au cinéma (« Et s'il y avait une queue énorme ? Qu'est-ce qu'on fait s'il ne reste plus que des places au premier rang ? Est-ce qu'une famille de géants ne va pas venir s'asseoir devant nous ? »).
- Tout ce qui est flou ou incertain : « Est-ce qu'on m'aime *vraiment* ? », « Est-ce que j'ai raison de croire que je suis en bonne santé ? », « Cette sonnerie de téléphone qui s'est arrêtée avant que j'aie le temps de décrocher, et si c'était mamie qui avait eu un malaise ? »…

UNE MÈRE ANXIEUSE

Résultat, on poireautait deux heures dans la voiture parce que personne n'était là.
Elle est drôlement passante cette route! C'est dangereux pour la petite!
D'un autre côté, ça lui laissait le temps d'évaluer les multiples dangers qui nous guettaient...
...Et j'aime pas ces grandes herbes là-bas; c'est des coins à vipères, ça!
Il est un peu branlant cet escalier!
Une fois dans la maison, elle trouvait encore vingt raisons d'angoisser.
Manque de pot, cette année-là, en voulant explorer la cave, je suis tombée. D'au moins cinquante centimètres.
Et si tu avais une fracture du crâne?
C'était juste un bobo, mais elle a insisté pour aller aux urgences, me faire une radio.
Ce n'était pas de tout repos les vacances! Quand enfin elles se terminaient, on aurait pu penser que Maman serait plus détendue...
J'espère qu'on ne nous aura pas cambriolés!
Et si la maison a pris feu?
Mais ça n'avait pas de FIN.

Vices et vertus de l'anxiété

Les anxieux sont finalement d'une certaine façon performants : de par leur vigilance à tout ce qui peut mal se passer, et le luxe de précautions qu'ils prennent, ils peuvent effectivement avoir moins d'ennuis que les autres. Pour un patron, c'est souvent une assez bonne chose d'avoir des collaborateurs anxieux : toujours soucieux de bien faire et de prévoir les problèmes, ceux-ci ne seront jamais en retard, jamais absents, feront leur travail en avance et à la perfection… Mais les anxieux paient cher ces efforts constants d'adaptation à l'environnement : ils sont toujours sous tension et ont des problèmes de qualité de vie.

Patron, je suis enceinte !
Mais ne vous en faites pas, j'accoucherai au bureau !

...et je voudrais citer en exemple Madame Leblanc, qui est revenue avant la fin de son congé de maternité !

3. UNE MALADIE DE L'HYPERANXIÉTÉ : LE TAG OU « TROUBLE ANXIEUX GÉNÉRALISÉ »

Il s'agit d'une maladie psychiatrique reconnue, où l'anxiété envahit tous les aspects du psychisme de la personne : une sorte d'hyperanxiété.

Quelles sont les caractéristiques de l'anxiété généralisée ?

• Une inquiétude constante concernant tous les événements de la vie quotidienne, procurant des soucis incoercibles qu'on ne peut chasser de sa conscience. On assiste, dans le TAG, à un « auto-allumage » constant de l'anxiété à propos de n'importe quoi : même des événements anodins (perte d'un objet), ou qui ne nous concernent pas directement (entendre des mauvaises nouvelles à la radio ou en lire dans le journal) vont aussitôt enclencher une tension psychologique et physique exagérée.

• Un retentissement physique important de l'anxiété :

– insomnie (difficultés à s'endormir, éveils nocturnes où l'on rumine ses soucis, inquiétudes et visions pessimistes, grincements de dents ou sursauts dans son sommeil, cauchemars) ;

– tensions musculaires (entraînant des maux de tête, des douleurs cervicales ou dorsales) ;

– somatisations anxieuses (comme des colites, des éruptions cutanées, etc.) ;

– de façon générale, réactivité physique excessive aux bruits et à l'imprévu (réactions de sursaut, « coups au cœur » c'est-à-dire accélérations cardiaques brutales : « Hou la, tu m'as fait peur ! »).

• Une irritabilité, épisodique ou parfois chronique, envers l'entourage : usé par les soucis et harassé par ses ruminations, épuisé par ses tensions musculaires, le grand anxieux se montre vite agacé ou irritable vis-à-vis des inévitables sollicitations, dérangements et frustrations de la vie quotidienne (« On ne peut rien lui dire… Il ne supporte plus personne… Il a les nerfs en pelote… »). Cela est logique : alors qu'il lui semble déjà se débattre à grand peine dans un monde de tracas incessants, nécessitant une vigilance et des précautions permanentes, la moindre demande – même bénigne – de son entourage va devenir la goutte d'eau qui fait déborder le vase.

Bien que consciente du caractère exagéré de ses angoisses et de leurs conséquences, la personne souffrant de TAG ne peut ni les éviter, ni les contrôler, ni s'empêcher d'y replonger : elle voltige d'un souci à l'autre comme l'oiseau va de branche en branche : « J'attire les soucis comme un aimant », nous racontait même un jour une de nos patientes.

Bonheurs, malheurs et anxiété

Pour les grands anxieux, tous les moments de la vie sont source de préoccupations infinies. Un événement heureux ? Pas si simple ! Face à quelque chose de positif, l'anxieux se dira le plus souvent : « Ça ne durera pas. » Un souci ? Comptez sur l'anxieux pour transformer les petits événements négatifs en grands désastres irrémédiables : « C'est la catastrophe totale ! » Et tout ce qui se situe entre les deux, ni positif ni négatif ? Pas de repos pour l'anxieux, chez qui les événements neutres suscitent méfiance et inquiétude : « Qu'est-ce que ça cache ? »

ÉVÉNEMENTS HEUREUX ET ANXIÉTÉ		
Situation	**Réaction d'anxieux**	**Réaction de non anxieux**
Un baiser passionné.	Euh ! Est-ce que j'ai bonne haleine ? Qu'est-ce que je vais faire après ?	Humm…
Un départ en vacances.	Tout est bien fermé ? Et s'il y avait une fuite d'eau ? Ou un cambriolage ?	Ah ! super, les vacances, enfin !
Des amis viennent dîner à l'improviste.	Ouh la la ! Il n'y a rien dans le frigo, et les magasins sont en train de fermer…	C'est sympa de se voir à la bonne franquette.

Gros lot au Loto.	Super, mais… Cela va faire des jaloux. On va me taper de tous les côtés. Que vais-je faire de tout cet argent ? Si je le place mal, dans cinq ans je suis ruiné…	Waw ! je vais m'acheter tout ce dont je rêve ! Je vais donner une grande fête ! Champagne pour tout le monde !

ÉVÉNEMENTS STRESSANTS ET ANXIÉTÉ

Un enfant en retard

Le bébé pleure la nuit

l'anxieux
DEUX COPAINS DANS UN EMBOUTEILLAGE
le non-anxieux
putain, mais c'est pas vrai !
on n'avance pas d'un poil ! Mais pourquoi t'es passé par là ?!
on va être en retard !!
Calme-toi... ça va se débloquer...
T'en as de bonnes !
j'ai rendez-vous avec un client super-important !
Si je rate l'affaire, je me fais sacquer, moi !
Allons, raisonne-toi... et prends les choses calmement !
c'est comme ça... il faut en prendre son parti...
Du reste, regarde, ça se dégage !
oh la vache !
Tu vois, il y a plus à plaindre que toi !
il faut relativiser tes petits problèmes !
mon petit discours a eu de l'effet !
t'es rassuré ?
à 100 % !
c'était mon client !

Pourquoi l'anxiété généralisée est-elle une vraie maladie ?

En raison de son caractère excessif, l'anxiété va entraîner de nombreux problèmes et souffrances.

• Le fonctionnement intellectuel est perturbé car l'attention de l'anxieux est constamment focalisée sur l'anticipation des problèmes. Cela va provoquer chez lui des troubles de l'attention, de la concentration, de la mémoire : l'énergie mentale consommée par l'anxiété n'est plus disponible pour d'autres besoins psychiques.

• La qualité de vie est altérée car les anxieux ont beaucoup de mal à profiter de l'instant présent, à savourer les petits plaisirs quotidiens : ils vivent toujours dans l'anticipation et dans l'instant suivant. Ils ont beaucoup de mal à s'arrêter de « gamberger » pour simplement profiter de l'existence.

• Il existe à la longue un épuisement nerveux car tous les problèmes (gros et petits) sont traités de la même façon, par un souci constant. L'anxieux perd le sens de la relativisation, et la situation la plus anodine devient une source intarissable de stress.

• La multiplication des précautions pour éviter les problèmes éventuels finit par devenir contre-productive.

Est-on condamné à rester un grand anxieux toute sa vie ?

Paradoxalement, le TAG (Trouble Anxieux Généralisé) est une maladie encore assez mal connue des psychiatres et des psychologues. Sans doute parce que, pendant longtemps, on a considéré l'anxiété comme normale, sans réaliser qu'au-delà d'un certain seuil, elle devenait handicapante. On évalue que le TAG concerne environ 3 % des personnes adultes.

Certains patients sont hyperanxieux depuis toujours : dès leur enfance, ils se font beaucoup de soucis pour leurs résultats scolaires, ont très peur d'arriver en retard à l'école, de participer à des compétitions sportives ; ils peuvent être très préoccupés par des événements d'actualité (guerre, pollution, catastrophes naturelles), comme par des dangers imaginaires (monstres sous le lit, existence ou non des sorcières et des morts vivants). La prise de conscience de l'existence de la mort, angoissante pour tous les enfants, peut prendre des allures obsédantes pour les enfants hyperanxieux.

Pour d'autres, la maladie anxieuse ne commence qu'à l'adolescence ou à l'âge adulte.

Dans tous les cas, l'anxiété va être présente tout au long de la vie, mais avec des hauts et des bas : à certains moments, elle va s'exacerber (en général dans les périodes de stress), à d'autres, elle va redevenir tolérable. Très fréquemment (environ 80 % des cas), les sujets souffrant de TAG vont présenter à un moment ou l'autre de leur vie un épisode dépressif majeur.

HENRi
MONSIEUR HENRi
Cet homme est frappé d'anxiété généralisée.
Ce matin, en allant au travail, il s'arrête pour acheter des cigarettes.
CRAC!
Mais en repartant...
Oh La vache! Le pare-choc!
Personne m'a vu?...
Qu'est-ce que je fais?...
Ni vu ni connu!
Oh la la! J'ai la trouille!
Pas fier, et les mains moites il reprend le chemin de son travail
Le voilà arrivé. Encore tout tremblant, il prend une cigarette.

Ça calme.
TOUSSE! TOUSSE!
Qu'est-ce que j'ai craché là ??
Le cancer!
Ça ne peut être que ça! je l'ai bien cherché!
Ma femme, mes enfants... Orphelins!
Et en plus je ne retrouve pas mes clés!
J'ai dû les oublier dans la voiture!
C'EST PAS VRAI! JE LES AI PERDUES!
Vous cherchez quelque chose Monsieur Henri?
MES CLÉS!
Regardez bien dans vos poches, on ne sait jamais!
MAIS J'AI DÉJÀ REGARDÉ VINGT FOIS!!
ah!...
Ben vous voyez!
Oh! Dites donc... on vous a drôlement amoché votre bagnole!

Personne n'a rien vu ?
inutile de nier ! Un passant a relevé votre numéro !
Allez, faut pas que ça vous mine ! je vais vous faire un petit café !
...et puis faut manger un peu, je trouve que vous avez maigri ces temps-ci.
Ah bon ?
Faut que je mange...
Ça ne passe pas !
Perte de poids...
manque d'appétit ...
cancer !
Au point où j'en suis, je peux encore en fumer une...
je suis foutu !
Au fait, Monsieur Fabre a appelé à propos de son affaire.
Ah oui...

Zut de zut! Où est-ce que j'ai mis son dossier déjà ?
C'est pas vrai! je le retrouve plus!
J'EN AI MARRE!
J'peux vous aider M. Henri ?
Regardez! il était là, sur le dessus de la pile!
Bon, allons-y!
Faut que je me concentre!
"À l'attention de M. Fabre..."
"..."
cancer!
Voyons... où est-ce que j'en étais déjà?
...et si quelqu'un m'avait vu ?

Amende...
Prison...
Chimiothérapie
Licenciement.
longue maladie ...
Chômage!
Chérie, il nous arrive quelque chose de terrible!
il va falloir vendre la maison!
Pardonnez-moi!
Pourquoi? Pourquoi moi?
DRIIING
Monsieur Fabre? Oui, bien sûr, je m'en occupe!
Où est-ce que j'en étais déjà?...
"À l'attention de ..."
"..."
Bon, maintenant qu'est-ce que vous préferez : aller à la DDASS ou faire la manche dans le métro?
FIN

4. D'OÙ VIENT L'ANXIÉTÉ ?

L'anxiété, c'est la faute de l'évolution

Les tendances anxieuses sont présentes chez tout être humain : être anxieux a probablement aidé nos ancêtres à survivre dans des conditions hostiles. Ceux qui n'étaient pas assez anxieux ont moins survécu et eu moins de descendants : le mécanisme de la sélection naturelle aurait ainsi favorisé les individus porteurs d'un minimum de capacités à ressentir de l'anxiété.

Connaissez-vous l'édifiante histoire du dodo de l'île Maurice ? Ce gros oiseau, encore appelé dronte, vivait dans l'océan Indien, sur cette île qui n'avait jamais connu la présence humaine. Lorsque les premiers navigateurs y débarquèrent, au XVIIIe siècle, ils découvrirent :

- que le dodo avait un goût délicieux ;
- qu'il ne savait pas voler, mais seulement courir assez lentement d'ailleurs ;
- qu'il n'avait absolument pas peur des humains.

En quelques années, le dodo disparut pour toujours de l'île, victime de son bon goût, et surtout de son manque de méfiance envers les humains. Si l'espèce des dodos avait été un peu plus anxieuse, peut-être pourrions-nous encore en rencontrer (et en déguster).

L'anxiété, c'est la faute des gènes

Il existe probablement des tendances génétiques prédisposant à l'anxiété : les parents savent que certains de leurs enfants sont plus ou moins anxieux que leurs frères ou sœurs. Les généticiens ont eux aussi montré une part d'inné dans l'anxiété.

L'anxiété, c'est la faute de l'éducation

Les facteurs éducatifs jouent, bien sûr, un rôle considérable : des parents se montrant eux-mêmes anxieux face à la vie quotidienne, à ce qui peut arriver à leur enfant, lui apprennent sans le vouloir à percevoir que le monde est dangereux et que se faire du souci permet d'anticiper les problèmes et de mieux y faire face.

L'anxiété, c'est la faute de la société

Comme l'anxiété vient du sentiment de non-maîtrise sur l'environnement, il est possible que nos sociétés contemporaines, quoique globalement moins dangereuses qu'autrefois, soient plus angoissantes car plus complexes (savoir mettre en marche un lecteur de DVD, se rendre chez des amis habitant en banlieue, se souvenir de ses codes de carte bleue ou de téléphone portable, etc.), et soumises à des changements imprévisibles et rapides.

L'anxiété, c'est la faute de la mort

La peur de la mort (et indirectement de la maladie) est une constante de la psychologie des grands anxieux. Ceux-ci évitent souvent de regarder en face ce qui leur fait vraiment peur et se font du souci pour des petites choses pour détourner leur attention de la vraie grande angoisse : notre conscience d'être mortels… Le bruit de fond de l'anxiété généralisée, appliquée aux petits tracas quotidiens, représenterait alors un « brouillage » de la musique, bien plus inquiétante, de l'échéance irrémédiable de la mort… D'où la boutade de Woody Allen : « Je ne cesse de me demander s'il existe une vie ultérieure, et s'il y en a une, peut-on m'y faire la monnaie de vingt dollars ? »

ANXIÉTÉ NORMALE ET ANXIÉTÉ PATHOLOGIQUE

Soucis normaux

(Essayez de faire face tout seul!)

Vos soucis ne sont pas constants.

Votre entourage comprend que vous vous fassiez du souci, car ce qui vous tracasse pourrait tracasser d'autres personnes.

Soucis pathologiques

(Et si vous alliez consulter quelqu'un?)

Vos soucis sont constants: pas une journée sans que vous ne ressentiez la morsure de l'anxiété.

Votre entourage trouve que vous vous faites trop de soucis et ne se tracasserait pas autant que vous dans la même situation.

Vos soucis ne vous perturbent pas trop physiquement.

Vous arrivez à contrôler vos soucis et à penser à autre chose, en faisant un effort, en vous distrayant, en partant en vacances, en week-end…

Votre anxiété vous stimule pour trouver des solutions, et vous motive à les mettre en pratique.

Vos soucis perturbent votre sommeil, votre appétit, votre sexualité… Vous ressentez de nombreux signes physiques de tension. Bref, votre anxiété vous rend malade…

Vos soucis sont incontrôlables ; vous ne pouvez pas les chasser de votre esprit. Où que vous soyez, quoi que vous fassiez, ils reviennent à la charge.

Votre anxiété diminue votre capacité à trouver des solutions, et à les mettre en pratique : toute votre énergie et votre créativité sont « brûlées » par les ruminations anxieuses.

5. QUELQUES CONSEILS POUR NE PAS ÊTRE DÉVORÉ TOUT CRU PAR SON ANXIÉTÉ

Prenez soin de vous : relaxez-vous !

Pourquoi ?

L'anxiété est associée à des tensions musculaires généralisées, souvent inconscientes. D'où la fréquence des douleurs chez les anxieux, notamment au niveau de la nuque et du dos, des céphalées dites « de tension », etc.

Comment lutter ?

En pensant à vous relaxer pour limiter l'impact de ces tensions musculaires. La relaxation ne permet pas de supprimer totalement l'anxiété, mais elle va en limiter les effets. Elle peut être pratiquée de deux manières :

• si vous avez 10 minutes devant vous, faites de la « relaxation-récupération ». Les yeux fermés, allongez-vous, au calme, bras et jambes à plat, respirez par le ventre, lentement, pensez à quelque chose d'agréable ;

• pensez aussi à faire de la « relaxation-prévention » : où que vous soyez (au bureau, dans votre voiture à un feu rouge…), il vous suffit d'être assis, vous n'avez même pas besoin de fermer les yeux, laissez tomber vos bras sur vos cuisses, respirez calmement par le ventre, relâchez les muscles de vos épaules, de vos mâchoires… Même si cela ne dure que quelques secondes, ce type de petit exercice fait retomber légèrement votre tension musculaire. Si vous répétez ces mini-relaxations régulièrement dans la journée, vous serez moins tendu le soir. Il vaut mieux ne pas attendre d'être très tendu pour se relaxer : vive la prévention !

Prenez du recul : trois questions clé à vous poser

L'anxiété pousse souvent à se noyer dans un verre d'eau. En maintenant la personne sous pression constante, elle peut faire perdre tout recul et pousser à la catastrophisation systématique d'événements bénins ou surmontables.

Dès que vous sentez l'anxiété arriver, posez-vous ces trois questions…

• « Est-ce sûr ? »

Les anxieux ont en effet tendance à tout anticiper négativement. Quelques phrases types : « Ça ne va pas marcher. », « On va me dire non. », « Je vais être en retard. », « Il va pleuvoir. », etc.

Ces prédictions pessimistes constantes font tellement partie du paysage mental de l'anxieux qu'il finit par ne plus se rendre compte qu'elles ne sont que des hypothèses, souvent erronées. L'anxiété représente en quelque sorte une véritable auto-intoxication par une lecture systématiquement inquiète des événements, à laquelle l'anxieux finit par adhérer sans aucun recul critique.

Il faut donc prendre régulièrement quelques minutes pour se demander si ce discours intérieur est aussi juste qu'il en a l'air.

• « Est-ce grave ? »

Les anxieux dramatisent, en général, les conséquences des problèmes qu'ils rencontrent, traitent les petits soucis comme des grosses catastrophes, perdent la capacité à relativiser. Il faut à un moment donné arrêter le moteur de l'anxiété, et se poser des questions simples : « Même si je suis en retard à ce rendez-vous, est-ce un problème ou une catastrophe ? », « Si je n'ai pas de place pour me garer, est-ce grave ou agaçant ? », « Si je rate cet examen, ma vie est-elle fichue ou seulement mon année scolaire ? ».

• « Que puis-je faire d'utile et d'adapté ? »

Ne laissez pas l'anxiété vous dominer sans lutter ! Même si le problème est réel (« Je n'invente pas. ») et préoccupant (« Je n'exagère pas. »), ruminer ses pensées anxieuses n'est pas la solution.

Posez-vous toujours la question : « Que faire ? » Les réponses sont le plus souvent multiples : se relaxer pour freiner la montée de l'angoisse, réfléchir à des solutions adaptées, à la façon de les mettre en pratique…

En cas de retard à un rendez-vous, même si le problème est réel (« Je vais rater mon rendez-vous. ») et ennuyeux (« Cela va m'attirer des ennuis. »), inutile de m'énerver (bagarre avec d'autres automobilistes), ou de ruminer et me morfondre (« Je fais monter ma tension artérielle à 20/16, je spasme mes coronaires, et je me crispe comme un fou… »). Mieux vaut essayer de téléphoner pour prévenir, d'emprunter un autre chemin, de garder son calme pour justement ne pas arriver dans un état d'énervement incontrôlable et d'épuisement psychologique pour, seulement, un quart d'heure de retard.

Il faut se souvenir qu'une fois que l'anxiété a joué son rôle premier — attirer notre attention sur un problème possible —, elle ne sert plus à rien qu'à nous empêcher d'agir efficacement…

D'autres moyens de prendre du recul

• Parlez à vos proches, car l'anxiété pousse au monologue, où l'on produit soi-même les questions angoissantes et les réponses décourageantes : « Ça va marcher ? », « Non, sûrement pas ! » ; « Il va y avoir un problème ? », « Oui, terrible, total et définitif ! ».

• Observez comment les autres réagissent ou imaginez ce qu'ils feraient à votre place.

• Après coup, demandez-vous si avoir été anxieux vous a servi à quelque chose ou non.

• Tirez les leçons de vos angoisses précédentes. Étaient-elles justifiées ou non ?

LE PSY DE GARE

D'abord : "Est-ce sûr ?"
Ensuite : "Est-ce grave ?"
Et enfin : "que puis-je faire d'utile et d'adapté ?"
D'accord... tu vas être en retard à ta consultation...
Mais "Est-ce grave ?"

Modifiez votre style de vie

Ne cherchez pas à tout contrôler, prévoir, planifier.

Les anxieux voudraient inconsciemment vivre dans un monde de certitudes et de prévisibilité, ce qui, évidemment, n'est pas possible. Il est nécessaire d'admettre qu'un incident, un imprévu, un contretemps ne sont pas toujours synonymes de danger ou de catastrophe, mais peuvent être tout simplement des incidents de parcours.

Profitez des bons moments

L'anxiété consistant en une anticipation constante, on vit toujours dans l'instant d'après. En vacances, le matin on se demande si on aura une place à la plage, à la plage si on aura une place au restaurant, au restaurant s'il fera toujours beau l'après-midi, l'après-midi s'il y aura de l'eau chaude sous la douche le soir, le soir si on trouvera une place pour la voiture en allant au spectacle, au spectacle s'il n'y a pas quelqu'un en train de fracturer la voiture, et au lit si on va arriver à s'endormir… Il est parfois capital pour les anxieux d'apprendre à ne pas agir (l'hyperactivité est une forme de lutte contre l'anxiété) et à ne pas penser : ne rien faire, et regarder, sentir, écouter, etc.

Si vous devez consulter…

Si votre anxiété vous donne des soucis incontrôlables, il vaut mieux consulter un spécialiste de l'anxiété, médecin ou psychologue.

Certains médicaments pourront vous aider. Attention, toutefois, à ne pas abuser de tranquillisants ou de somnifères, dont vous risquez de devenir dépendant et qui ne sont intéressants que pour les périodes de poussées d'anxiété aiguë. On recommande plutôt aujourd'hui d'autres catégories de médicaments, agissant notamment sur la sérotonine, un neurotransmetteur cérébral : ces traitements s'avèrent efficaces pour ressentir moins d'angoisse et mieux la contrôler.

Le plus souvent, vous aurez intérêt à suivre en parallèle une psychothérapie. Si vous voulez faire diminuer l'intensité de votre souffrance anxieuse, commencez par une thérapie comportementale, qui vous apprendra à perfectionner les techniques dont nous avons parlé : relaxation, recul psychologique. Le thérapeute pourra aussi avoir recours aux techniques dites « d'inoculation du stress », où il vous apprendra à affronter peu à peu des situations progressivement angoissantes. Vous pouvez aussi, si vous souhaitez en savoir plus sur les racines anciennes et inconscientes de votre anxiété, suivre une thérapie d'inspiration psychanalytique.

2

L'EN
C'EST LES

FER, AUTRES

TRAC, TIMIDITÉ OU PHOBIE SOCIALE ?

Tu viens jouer ?
Non.
Mon filleul n'est pas à l'aise avec les autres.
Tu sais, on a tous connu des périodes difficiles...
je me souviens, pour moi, aller au tableau, c'était un vrai cauchemar !
C'est vrai, et après, c'était les filles !
HAHA ! C'était pas toujours facile, hein ?
Moi, dans les boums, je regardais...
Non, je ne sais pas danser !
Ben oui, tout ça c'est de l'anxiété sociale
Mais c'est normal ou non ?
Ça dépend de l'intensité !

Heureusement, un jour, une fille plus audacieuse a pris les choses en main...
HÉ, TOI! AMÈNE-TOI!
Seulement, après, je n'osais pas lui dire que je voulais la quitter...
et alors, qu'est-ce qui s'est passé?
C'est elle qui m'a largué!
Tu t'en es bien tiré en fin de compte!
Je ne l'ai plus jamais revue!
HO! TU DÉCOINCES?
Bon, on se revoit plus tard.
Là, faut que j'y aille!
J'arrive ma chérie!

1. QU'EST-CE QUE L'ANXIÉTÉ SOCIALE ?

C'est l'ensemble des sentiments d'appréhension, de tension intérieure, et de gêne extérieure, déclenchés par le regard d'autrui.

Comment se manifeste l'anxiété sociale ?

Différents signes peuvent exister isolément, ou être présents tous ensemble en cas de forte anxiété :

- signes psychologiques. On se sent observé et jugé négativement, même si ce n'est pas le cas, on se sent aussi maladroit et empêtré ;
- signes physiques. Cœur qui s'accélère, mains moites, crispations musculaires, éventuellement rougissements, tremblements, etc. ;
- signes comportementaux. On a du mal à parler, à agir, à rassembler ses idées ; cela peut être une simple inhibition ou, parfois une vraie sidération, on peut avoir envie de fuir et de s'échapper de la situation, on cherche un prétexte pour l'abréger.

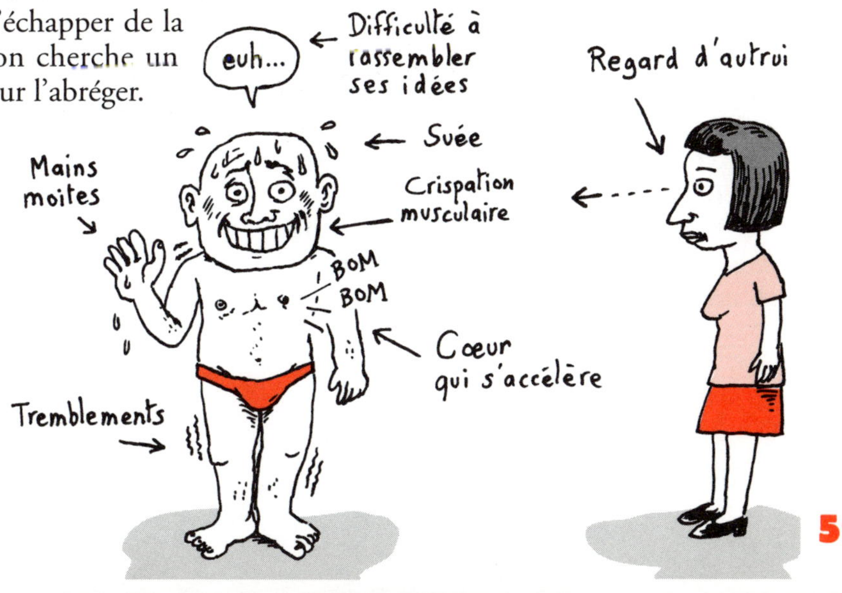

Dans quelles situations sociales peut-on se sentir mal à l'aise ?

Beaucoup de moments quotidiens peuvent déclencher de l'anxiété sociale :

• passer une épreuve (examen oral, permis de conduire, entretien d'embauche), prendre la parole devant un groupe (aller au tableau à l'école, faire un exposé au lycée ou à la fac, lire un texte lors du mariage d'un proche, participer à une réunion de travail ou à un tour de table, etc.) ;

• être le point de mire de l'attention des autres. Arriver en retard à une réunion où tout le monde est déjà installé (ou rentrer dans un autobus ou dans un train où tout le monde est assis), faire tomber ou casser un objet dans un magasin chic, raconter une blague à son convive et s'apercevoir soudain que toute la table écoute, faire un créneau devant une terrasse de café bondée, etc. ;

• être assis à table à côté de quelqu'un qu'on ne connaît pas, surtout si la personne est impressionnante (statut social, diplômes, culture ou intelligence supposées) et si on doit lui faire la conversation ;

• avoir un avis différent de son interlocuteur, devoir réclamer quelque chose (un livre ou de l'argent qu'on a prêté, mais qu'on ne nous a pas rendu), devoir dire non, exprimer son mécontentement (au restaurant, à un voisin qui fait trop de bruit, etc.) ;

• devoir affronter des tâches difficiles ou pour lesquelles on est mal préparé (ne pas savoir sa récitation ou sa leçon, ne pas avoir révisé son examen ou travaillé son exposé) ;

• ne pas connaître les codes sociaux d'un milieu différent du sien : lors d'un repas mondain ne pas savoir quel couvert prendre, dans quel verre boire, comment peler et manger une orange, etc.

MOMENTS DIFFICILES

Arriver en retard à une réunion où tout le monde est déja assis, était le genre de situation que Raymond redoutait.

Il fallait voir l'embarras de Jean-Jacques, quand tout le monde s'est arrêté de parler pour écouter la blague qu'il racontait à son voisin de table !

L'angoisse de Blaise était d'autant plus grande qu'il devait faire son créneau sous le regard des clients du café.

Être assis à table à côté d'un inconnu, et ne pas être à la hauteur de la conversation, voilà ce que Bertrand craignait.

Que se passe-t-il dans notre tête lorsqu'on ressent de l'anxiété sociale ?

L'anxiété sociale est une anxiété d'évaluation, c'est-à-dire que, pour de bonnes ou de mauvaises raisons, on a l'impression :

• que les autres nous scrutent et nous jugent, quoi que l'on fasse (même si on est juste en train d'acheter une baguette de pain) ;

• que ce jugement est sévère et critique (n'importe qui est capable de repérer tout de suite ce qui ne va pas en nous) ;

• qu'il va entraîner quelque chose de négatif (mise à l'écart, moquerie, voire agression verbale).

Ce soir, je vois Steeve!
Pourquoi elle sourit comme ça?
Elle a vu que je n'étais pas à l'aise...
Elle me trouve pas normale!
Pas normale et bizarre!
Pourquoi j'ai bafouillé tout à l'heure
J'oserai plu jamais revenir i

Exemple

Une anxieuse sociale va dans un salon de coiffure.

Elle peut avoir l'impression que :

• la coiffeuse n'a qu'une idée en tête, observer attentivement si elle est en bonne santé mentale : « Voyons, cette cliente est-elle à l'aise ? Ah ! ne vient-elle pas de trembler légèrement de la lèvre inférieure ? Est-ce qu'elle n'est pas en train de se contrôler pour avoir un visage impassible ? » Alors que la coiffeuse s'intéresse le plus souvent aux cheveux de ses clientes ou bien pense à ses prochaines vacances ou à sa dernière histoire d'amour ;

• la coiffeuse va tirer des conclusions très négatives sur elle : « Ses réponses à mes questions sur la météo sont bien banales, elle ne doit pas être très intelligente. », « Elle est bizarre, celle-là, elle n'est pas normale, elle doit avoir un grave problème psy ». Alors que la coiffeuse, même si elle a remarqué que sa cliente est tendue ou mal à l'aise, ne se passionne pas particulièrement pour le sujet (et repense à son histoire d'amour), ou se dit simplement que sa cliente est timide (elle en voit beaucoup) ou stressée (idem) ;

• la coiffeuse va, dès son départ du salon, parler à toutes ses collègues et à toutes les clientes de ce qu'elle vient de remarquer (« Vous avez vu comme elle était bizarre ? »), téléphoner à l'hôpital psychiatrique le plus proche (« Allô ? Il y a une dame qui ne va pas bien qui vient de sortir du salon de coiffure, vous ne pensez pas qu'il faudrait l'hospitaliser ? Vous m'envoyez le SAMU ? »).

Qui va ressentir de l'anxiété sociale ?

La réponse est simple : tout le monde. À un moment ou à un autre de notre vie, nous pouvons tous être frappés par cette sensation de gêne sous le regard d'autrui. C'est même de ne pas ressentir d'anxiété sociale dans certaines situations qui serait anormal !

Le trac et la timidité : bénins mais parfois gênants

L'anxiété sociale est donc normale et présente chez presque tout le monde. Mais elle peut tout de même représenter une gêne si elle est trop intense ou chronique. Elle prend, en général, la forme du trac ou de la timidité. Elle a depuis longtemps été décrite par les écrivains et les philosophes.

Beaumarchais : « L'homme qu'on sait timide est dans la dépendance de tous les fripons. »

Rousseau : « Ma sotte et maussade timidité, que je ne pouvais vaincre. »

Jean-Paul Sartre : « Chacun reconnaîtra cette présence immédiate et brûlante du regard d'autrui qui l'a souvent rempli de honte. » ; « L'enfer, c'est les autres. »

Montesquieu : « La timidité a été le fléau de ma vie. »

AUX
ÉCRIVAINS
TIMIDES

Le trac

On l'appelle aussi « anxiété de performance ». C'est l'ensemble des manifestations physiques incontrôlables (le cœur bat la chamade, les mains tremblent, la gorge se serre, les tripes se nouent, etc.). C'est un véritable tumulte du corps qui parasite la performance sociale.

Le trac se déclenche, en général, quand on a une tâche à accomplir sous les yeux d'un groupe : exposé à présenter, texte à lire, etc. Beaucoup d'artistes (comédiens, musiciens) ressentent du trac mais arrivent à le surmonter : le trac est à son maximum avant la situation puis, quand on commence à agir ou à parler, il diminue. S'il reste modéré, le trac peut parfois avoir des conséquences positives : il peut stimuler la personne et améliorer sa performance. Cependant, le trac peut aussi être une gêne : 30 % des gens sont incapables de parler devant un public. Ils doivent refuser d'être témoins aux mariages des amis, ne peuvent poser des questions lors des réunions de parents d'élèves ou de copropriété, ne peuvent accepter certaines promotions professionnelles qui impliqueraient d'animer des réunions de travail.

QUELQU'UN A UNE QUESTION ?

je suis timide.

La timidité

Il s'agit d'une manière d'être durable, se manifestant par de l'inhibition et de la réserve face à tout ce qui est nouveau (nouvelles rencontres, nouvelles activités, nouveaux lieux, etc.). Environ 40 à 60 % des personnes se disent timides, un peu ou beaucoup. La timidité est marquée par un conflit intérieur entre l'envie d'établir un contact et la crainte d'échouer dans cette approche : la plupart des timides ne sont pas misanthropes, mais ils ont très peur de déplaire.

Les timides ne sont pas proactifs : ils ne prennent pas l'initiative de nouer un contact. En revanche, si l'on vient vers eux, ils sont contents et soulagés qu'on leur manifeste de l'attention et de la bienveillance. Au fur et à mesure que les personnes ou les situations ne leur sont plus inconnues, ils se détendent et se laissent aller à plus de spontanéité : un enfant timide les premiers jours d'école peut devenir turbulent quand il connaît la maîtresse et les copains ; un collègue de travail timide peut, après quelque temps, s'avérer un grand spécialiste des histoires de fesse racontées devant ses collègues à la machine à café, etc.

apprivoiseur de timides

Les timides sont appréciés car ils ne disent pas souvent non.

Ils savent écouter et laissent parler les autres.

La timidité est socialement mieux acceptée, voire valorisée, chez les femmes plutôt que chez les hommes. Certains hommes apprécient qu'une femme soit soumise et rougissante (pour être le maître à la maison), et qu'elle ait peur des inconnus (on ne sait jamais…). De même, les parents de petits garçons timides les poussent à s'affirmer, alors qu'ils tolèrent mieux la timidité des petites filles (rougir, c'est si charmant!).

Cependant, il y a aussi – pour les femmes comme pour les hommes – des inconvénients : la timidité, c'est un peu l'art des occasions ratées. En amour, par exemple, le timide est plus souvent choisi qu'il ne choisit. Dans son travail, il n'obtient d'augmentation ou de promotion que si on pense à lui en accorder une ; sinon, il n'ose pas en faire la demande. Mais attention, si la timidité conduit à fuir systématiquement beaucoup de situations, il s'agit peut-être, en fait, de phobie sociale.

PHOBIE SOCIALE
(histoire de FRANCK)

Je viens de lire "La peur des autres," et je découvre que mon angoisse a un nom : phobie sociale. Dans le livre, il y a des conseils pour s'en sortir.

Justement, il faut que j'aille récupérer ma chemise qui sèche dans le jardin. Les voisins mangent dehors, je ne pourrai faire autrement que d'échanger quelques mots avec eux.

je suis presque guéri !
je me sens fort d'avoir pris cette décision.
Je m'apprête à sortir !
Mais au moment d'ouvrir, un doute m'assaille !
Qu'est-ce que j'allais faire ?!..
j'allais sortir dans le jardin, alors que les voisins y sont ! Quelle inconscience !
C'est sûr, j'aurais été lamentable ! Je l'ai échappé belle !
C'est pas normal !
D'un autre côté, c'est pas normal d'avoir peur des gens comme ça !
"ALLEZ, COURAGE !"
Non, je ne peux pas !
"QUE FAIRE ? QUE FAIRE ?"

c'est ridicule d'être comme ça !
j'essaie de me donner du courage.
lâche !
Et puis je me dis que je pourrais me passer de cette chemise. Mais ça ne marche pas.
Alors allons-y ! Assez tergiversé ! C'est d'anticiper qui rend les choses si difficiles !
À tout hasard, je jette un coup d'oeil. Ils ont peut-être fini de manger maintenant... Mais non.
Eh bien, c'est parfait ! Je ne peux plus reculer.
C'est trop dur !
Non. Je ne peux pas !
j'ai honte.
Il n'y a plus qu'une seule solution : l'alcool.
bonjour !
Voilà, j'ai récupéré ma chemise.
Pourquoi je suis comme ça ?
Obligé de se saoûler pour aller dans son propre jardin ! ça ne s'arrange pas !

2. ANXIÉTÉ SOCIALE PATHOLOGIQUE : LA PHOBIE SOCIALE

Quand la timidité devient une maladie

La phobie sociale est une maladie anxieuse, qui ne doit pas être confondue avec le trac ou la timidité. Par rapport à une anxiété sociale « normale », voici quelques-uns des éléments qui caractérisent la phobie sociale :

- des émotions beaucoup plus violentes. L'anxiété n'est plus de l'inconfort mais de la panique et le malaise intérieur est si fort qu'on n'arrive plus à être présent à la situation (impossible de se concentrer, d'écouter, de rassembler ses idées). La gêne devient une honte terrible de soi et de ses comportements ;
- des évitements plus nombreux et plus importants : on va devoir renoncer à beaucoup de choses pour ne pas avoir à affronter la peur ;

- si on n'évite pas les situations sociales, on se sent très mal, et on doit faire des efforts démesurés pour affronter des situations banales aux yeux des autres. Le tout en cherchant à tout prix à cacher son malaise pour ne pas attirer encore plus l'attention ;
- tout cela retentit fortement sur la qualité de vie : on ne peut pas profiter pleinement de sa vie familiale (fêtes), amicale (invitations), professionnelle (réunions).

De quoi a-t-on peur dans la phobie sociale ?

Il existe plusieurs formes de phobies sociales. Par exemple :

• des formes généralisées. Toutes les situations sociales font peur (passer des examens, bavarder avec un voisin ou un commerçant, devoir parler de soi ou faire connaissance avec autrui, être observé en train de marcher ou d'écrire, de boire ou de manger, donner son avis, etc.) ;

• des formes centrées sur la peur obsédante (on y pense tout le temps), de l'apparition d'un symptôme physique précis : peur de rougir (éreutophobie), peur de se mettre à trembler, à transpirer, à faire des bruits avec son ventre, etc.

Que ressent-on dans la phobie sociale ?

Les émotions ressenties sont très violentes et pénibles. On a peur avant et pendant les situations : on redoute que quelque chose de négatif n'arrive, venant de soi (avoir un comportement ou des paroles ridicules), ou venant des autres (être l'objet de critiques ou de moqueries). Mais on a aussi honte pendant et après les mêmes situations : on est persuadé d'avoir été pitoyable, pas du tout à la hauteur.

Ces émotions pénibles poussent la personne qui souffre de phobie sociale à éviter autant que possible d'affronter les situations sociales, ou de recommencer à s'y confronter si elle l'a fait une première fois.

Quels sont les risques à la longue ?

On sait que la phobie sociale provoque souvent chez les personnes qui en souffrent :

• des épisodes dépressifs répétés : à cause de l'isolement, des privations relationnelles, des sentiments de dévalorisation personnelle, de la répétition des attaques de honte, etc. ;

• une tendance à la consommation abusive d'alcool avant les situations (pour diminuer sa peur), mais aussi après (pour noyer sa honte).

LES DIFFÉRENCES ENTRE TIMIDITÉ ET PHOBIE SOCIALE

Timidité | **Phobie sociale**

Peur d'être ignoré.

Peur d'être humilié ou agressé.

Désir d'être accepté.

Désir d'être oublié.

Inhibition les premières fois, puis relative aisance au fur et à mesure des nouveaux contacts.

La répétition des contacts ne met pas plus à l'aise, au contraire.

Timidité | **Phobie sociale**

Sentiment de gêne en situation sociale.

Sentiment de panique en situation sociale.

Le désir de contact est supérieur à la crainte de l'échec.

La crainte de l'échec est supérieure au désir de contact.

En cas de gêne, le timide adopte des conduites d'inhibition et observe les autres.

En cas de gêne, le phobique social adopte des conduites de dissimulation de son malaise, et s'auto-observe.

Pourquoi ne parlait-on pas de phobie sociale auparavant ?

La phobie sociale est un trouble « silencieux » qui ne pose des problèmes qu'à la personne qui en est atteinte. La société a toujours bien toléré ces patients et c'est pourquoi cette maladie n'est étudiée et soignée que depuis peu de temps. D'ailleurs, il n'est pas facile de s'apercevoir qu'une personne souffre de phobie sociale, car les phobiques sociaux cherchent à tout prix à masquer leurs problèmes, soit derrière les évitements et la fuite, soit à travers de la froideur, de l'agressivité, de la distance… En fait, les phobiques sociaux risquent d'être pris par leur entourage pour des gens froids, bizarres ou snobs, plus souvent que pour des personnes timides.

3. D'OÙ VIENT L'ANXIÉTÉ SOCIALE ?

Est-elle innée ?

L'anxiété sociale existe dans toutes les espèces animales : on sait qu'il est possible de créer des lignées de souris timides, ou de singes anxieux sociaux.

Il existe probablement des facteurs héréditaires chez l'homme : les taux de concordance en matière d'anxiété sociale sont significativement plus élevés chez les « vrais » jumeaux (monozygotes, au même patrimoine génétique) que chez les « faux » jumeaux (dizygotes).

Plusieurs recherches ont retrouvé un terrain précocement favorable au développement de l'anxiété sociale : certains enfants présentent dès la naissance un tempérament d'hypersensibilité à tout ce qui est nouveau ou inconnu. Ce tempérament est associé à une réactivité excessive du système nerveux sympathique (avec entre autres un rythme cardiaque plus élevé). C'est plutôt chez ces enfants que vont se développer, à l'adolescence et l'âge adulte, les cas de phobie sociale.

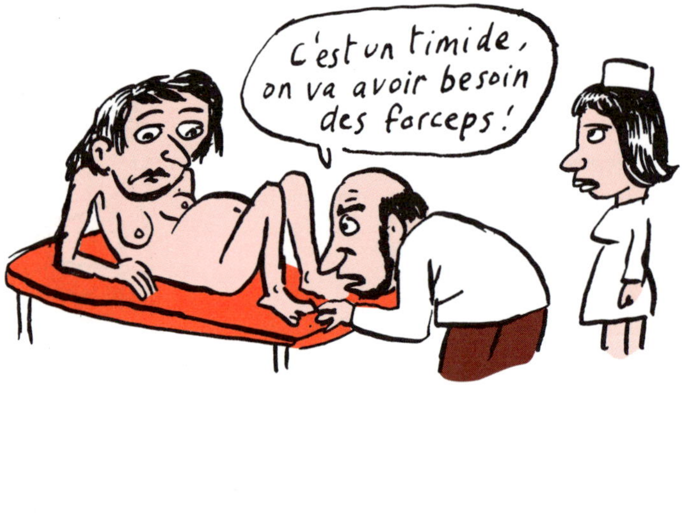

Père & Fils

T'ES VRAIMENT NUL!
NON MAIS C'EST VRAI... QUELLE NOUILLE!
ON NE FERA JAMAIS RIEN DE TOI!
TU VEUX QUE JE TE DISE...
eh bien....
T'ES TOUT LE PORTRAIT DE TON PAPA!

Ou acquise ?

Même si des tendances héréditaires existent, il faut aussi que s'y ajoutent des facteurs liés à l'environnement pour que l'anxiété sociale devienne invalidante :

- certaines éducations où on attire trop l'attention des enfants sur la méfiance vis-à-vis de ce qui est inconnu ou non-familier ;
- des modes de vie familiaux repliés sur eux-mêmes (peu de visites, peu d'invitations) ;

- des parents eux-mêmes inhibés, timides ;
- le fait d'être enfant unique ou aîné semble augmenter légèrement le risque ;
- des éducations dévalorisantes, critiques envers l'enfant et ses compétences.

Plus ces facteurs, innés ou acquis, seront nombreux chez une seule et même personne, plus l'anxiété sociale sera sévère.

4. COMMENT SE DÉBARRASSER DE SON ANXIÉTÉ SOCIALE?

Quelques conseils pour le quotidien

Ne cherchez pas à masquer à tout prix votre anxiété sociale

Assumez-la chaque fois que possible! Ne faites pas semblant d'être à l'aise si vous tremblez intérieurement: mieux vaut passer pour timide ou émotif, que vous épuiser dans ce qui est une impasse (vous faire passer pour ce que vous n'êtes pas vous empêchera de progresser) et une lutte épuisante (toute votre énergie va être consacrée à la dissimulation, au lieu d'être tournée vers la communication).

N'obéissez plus à la peur

Plus vous fuyez et plus vous évitez, plus l'anxiété sociale sera forte la fois suivante, et prendra de l'ampleur. Essayez d'affronter les situations, répétez les exercices comme un sportif qui développe peu à peu sa condition physique. Par exemple, plusieurs jours de suite, pendant une demi-heure, demandez votre chemin dans la rue à des passants, ou rentrez dans les magasins pour obtenir des renseignements sans rien acheter.

Observez ce que font les gens à l'aise et inspirez-vous d'eux. Sans vous dévaloriser («Ils sont tellement mieux que moi!»), mais en observant leurs stratégies («Comment s'y prennent-ils?»).

Soyez actif, et non attentiste: dans les soirées, allez vers les autres au lieu d'attendre qu'on vienne vers vous, dans les réunions n'attendez pas pour poser vos questions. Jetez-vous à l'eau!

Luttez contre la honte

Ne dramatisez pas les conséquences d'un échec éventuel ou d'une maladresse : cela arrive à tout le monde.

Parlez aux autres de votre propre anxiété sociale, vous verrez que souvent ils ressentent des émotions très proches des vôtres.

Ne jetez pas le bébé avec l'eau du bain : on peut être traqueur **et** compétent, timide **et** sympathique, émotif **et** intelligent, etc. Les autres sont capables de voir tout ce qu'il y a de bien chez vous, alors que vous-même avez tendance à vous focaliser sur vos lacunes ou vos limites.

Ne soyez pas perfectionniste

Ne cherchez pas le self-control absolu (acceptez de montrer un peu d'émotivité) ni la perfection (sinon vous n'oserez jamais rien faire, rien dire). Acceptez de ne pas avoir toujours sous la main la répartie brillante ou le bon mot qui fait rire l'assemblée.

Il est normal d'avoir des limites, même si on cherche toujours à les repousser.

Soyez réaliste

Cessez de voir les autres comme des juges implacables ou comme supérieurs à vous en toute chose. Ne percevez pas les rapports sociaux comme des rapports de force où on est forcément dominant ou dominé.

Rappelez-vous qu'un échec (supposé) n'est pas une catastrophe.

Ne soyez pas toujours centré sur vous-même

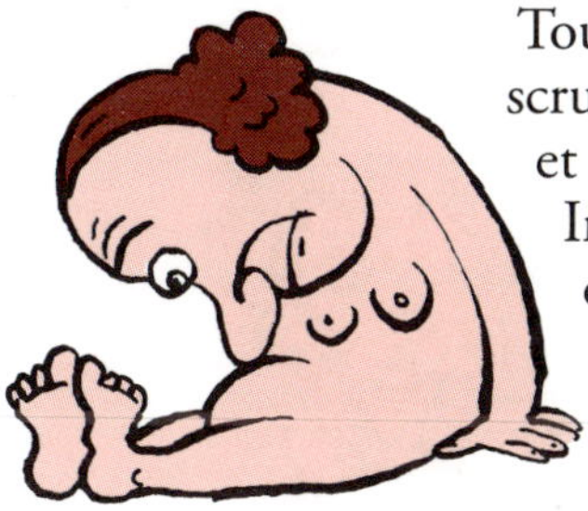

Tout le monde ne cherche pas à vous juger ou à vous scruter ! Tournez votre attention vers l'extérieur et non sur vos signes de malaise intérieur. Intéressez-vous aux autres, posez-leur des questions, etc. Et pas seulement pour détourner leur attention ou pour tenter de voir s'ils ont repéré que vous étiez mal à l'aise !

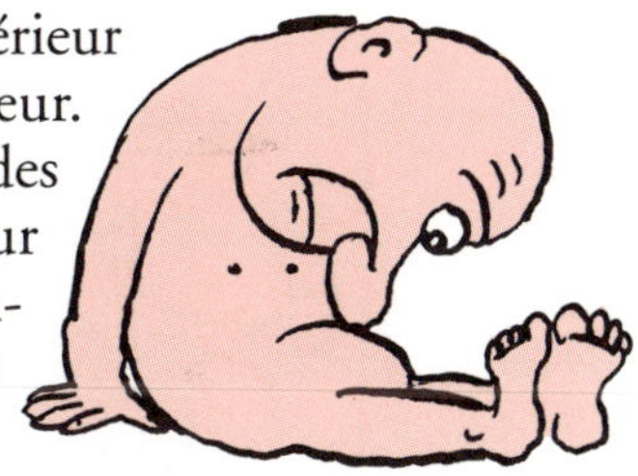

Souvenez-vous, l'anxiété sociale peut diminuer :

- avec le temps et surtout avec la pratique régulière (plus on se confronte à ce qui fait peur, moins cela fait peur) ;
- grâce à certaines rencontres (avec des personnes qui nous connaissent et nous apprécient ou qui nous servent de modèles) ;
- par le développement de ses compétences dans d'autres domaines (cela nous rassure sur notre valeur et nous permet de relativiser plus facilement).

En cas de phobie sociale

En général, il vous faudra l'aide d'un spécialiste. Il est préférable de vous faire soigner car la phobie sociale ne disparaît pratiquement jamais d'elle-même ; c'est une maladie chronique, qui ne passe pas avec le temps.

Certains médicaments (sérotoninergiques) sont utiles pour les formes handicapantes et généralisées de phobie sociale : ils permettent de se sentir moins anxieux, moins honteux. Évitez d'utiliser régulièrement les tranquillisants : ils peuvent vous soulager dans l'immédiat, mais ne permettent guère des progrès durables. Quant aux bêtabloquants, ce sont surtout des médicaments du trac : ils ne vous aideront guère si vous souffrez d'une vraie phobie sociale. Dans tous les cas, les médicaments ne doivent pas être pris sans être accompagnés par une psychothérapie.

Les psychothérapies les plus efficaces sont les thérapies comportementales et cognitives :

• le thérapeute vous aidera à affronter progressivement les situations socialement angoissantes, si possible dans le cadre d'une thérapie de groupe. Par exemple, vous apprendrez au travers de nombreux exercices pratiques à intervenir devant plusieurs personnes, regarder dans les yeux, poser des questions, parler de vous, etc. ;

• vous apprendrez aussi, par des dialogues réguliers avec le thérapeute, à modifier le contenu de vos pensées (ne plus se dévaloriser par rapport aux autres, ne pas voir derrière toute relation sociale une menace potentielle, ne plus se percevoir au centre de l'attention hostile des autres).

LA PSYCHOTHÉRAPIE
L'histoire de Franck
(suite)
Alors un jour, en sortant du journal (je suis écrivain et journaliste) j'ai pris rendez-vous chez un psychiatre.
Vos symptômes correspondent à quelque chose de connu. On peut très bien en venir à bout. Pour certains ça va vite, pour d'autres moins ...
j'ai exposé mon problème : la peur des gens.
Et là j'ai appris que je n'étais pas le premier à qui ça arrivait.
C'est une question de travail, pour lequel je vous accompagnerai. Au début vous pourrez utiliser des médicaments ...
Qu'est-ce qu'elle va penser de moi ?
C'est pire que d'acheter des capotes !
Ah oui ! Beaucoup de gens en prennent !
En sortant de la consultation, j'allais (un peu gêné tout de même) acheter ces médicaments. J'avais hâte de vérifier leur efficacité.

Avec ces médicaments, ça va aller !
ça va aller ?
euh, non, ça va pas aller du tout !
je vais quand même prendre une bière !
Non !
oui.
Non.
Quelque temps après, j'avais rendez-vous à l'extérieur.
Ce jour-là, j'ai quand même jugé plus prudent d'aller boire un verre avant d'affronter le monde.
Vous ne retrouverez assurément pas avec les médicaments l'effet euphorisant de l'alcool !
Le médicament miracle n'existe pas ! J'ai rendu compte de mon échec.
1 - parler aux voisins
2 - demander un renseignement
3 - réclamer
4 - Rendez-vous
Il fallait à présent commencer la thérapie proprement dite. Le premier travail était de dresser une liste des situations difficiles, par ordre croissant...
il angoisse quand même un peu
dring !
... et de se lancer ! J'allais voir un ami de longue date.
Tiens ! Salut ! Tu passais dans le quartier ?
Oui, en fait j'étais chez mon psychiatre.
?
Un des conseils du psy était de parler de mon problème
moi, je trouve que la société a besoin de phobiques sociaux !
et c'est vrai que d'en parler m'a apporté un grand soulagement.
Et puis je trouve que tu es tout à fait normal !
(Je trouvais même que ça me donnait un côté intéressant !)

oui, je suis une psychothérapie.
!
Plus tard, j'ai recommencé l'expérience.
oh tu sais, moi aussi je suis un timide.
Ce qui m'étonnait le plus, c'était que ce qui pour moi était un énorme problème, ne sautait pas forcément aux yeux des autres.
Bravo! Vous avez compris!
Très bien, m'a dit mon psy. Maintenant il faut passer à une épreuve plus difficile.
Les autres ne se rendent pas forcément compte de mon malaise.
Pour guérir, il faut bien qu'à un moment je me lance!
Et même si j'ai l'air mal à l'aise, on ne va pas me détester pour autant!
'objectif suivant était d'aller
une réunion. J'avais peur, j'essayais de me rassurer.
BAR
Mais cette fois encore, j'ai calé!
Au dernier moment, je n'ai pas pu y aller!
Ça n'est pas grave, c'était peut-être un objectif trop difficile à atteindre. Ce qui compte, c'est que vous ayez essayé!
je vous rapporte ce livre...
il vous a plu?
près, on a fait un jeu
e rôle. Je devais rapporter
n livre à la bibliothèque.
ce qui m'angoissait beaucoup)
bon, eh bien... je vais y aller... au revoir!
J'avais la tête un peu vide, et un grand sentiment de gêne...
Je trouve que vous vous en sortez bien. Vous savez, le malaise que vous ressentez, les autres ne le perçoivent pas toujours!
Ensuite, on en a parlé. Ce qu'il m'a dit était en fait assez encourageant.

ça va aller !
Je me sens fort !
À la suite de cet exercice, j'ai décidé de retourner à la bibliothèque.
Mon malaise ne se voit pas.
Et même si ça se voyait, quelle importance ?
Je sens que je ne vais pas assurer du tout !
Je ne peux pas y aller, ça va être la catastrophe !
BIBLIOTH
mais si je n'y vais pas, c'est foutu ! je serai toujours comme ça !!
J'y vais ou j'y vais pas ?
Allez ! Une grande inspiration, et je fonce.
En fait, ça s'est plutôt bien passé.
C'est merveilleux de parler aux gens !
Ceux qui n'ont jamais été phobiques sociaux ne sauront jamais à quel point ce moment était exaltant !
il est bien celui-là !
ah bon ?...
Par la suite, retournant à la bibliothèque, il m'arriva parfois d'être assez mal à l'aise...
Vous n'avez pas d'obligation de performance. Vous êtes tenu d'essayer, pas de réussir. Mais si vous continuez à travailler, ça ira de mieux en mieux !
...mais après tout, on n'est pas toujours obligé de parler.

... et le boulot, ça va ?
je ne me plains pas !
Je continuais donc à m'exercer. Quand je croisais des voisins, je ne cherchais pas à les éviter, mais plutôt à échanger quelques mots.
euh... bon... eh bien...
Parfois, c'était plutôt difficile, et je ne pensais qu'à prendre congé.
Mais à d'autres moments, je pouvais bavarder facilement, et je me sentais libéré.
Il croit que je viens le voir pour le travail, mais c'est juste pour m'exercer !
Petit à petit, le nombre de gens que je pouvais voir sans avoir recours à l'alcool grandissait.
je suis nul !
Il m'arrivait encore de me sentir mal à l'aise en certaines occasions,
mais quelle importance ?
mais à présent je pouvais relativiser.
je dois être fort !
J'ai compris aussi que le souci de performance me rendait tendu, et plus fragile,
mais non, je suis timide !
On m'aime bien quand même !
et que paradoxalement, le fait de m'accepter comme un anxieux social, ne parlant pas beaucoup, faisait que je me sentais plus à l'aise avec les autres.

La thérapie avait marché, dans un temps très court. Quelque chose qui était faussé dans mon raisonnement avait été redressé.

Le poids incroyable de la phobie sociale avait disparu.

FIN

ROLAND! VIEILLE CRAPULE!
je préférais quand il était phobique social!

3

LA P
DANS L

EUR
A PEAU

FRAYEURS ET PHOBIES AU QUOTIDIEN

Dis donc, pour les prochaines vacances, ça ne te dirait pas un petit stage de parapente ?
Tu rigoles ! Ma copine a une peur panique du vide
Tu vois le tableau !
Dommage !... Et si on descendait les gorges de l'Ardèche ?
En canoë. Ça serait sympa !
Oh la la ! Encore moins
Elle a une trouille de l'eau, je ne te dis pas
Je ne te propose pas une balade à cheval ; je suppose qu'elle a peur des animaux...
Comment t'as deviné ?
hum !...
Qu'est-ce-qu'i va trouver encore ?..

Tiens ! Vous êtes là !
Je viens de faire du saut à l'élastique du haut de la falaise d'Étretat, montée sur un cheval sauvage !!
WAOW ! C'était FAN-TAS-TI-QUE !!
!?
héhé...
Tu t'es foutu de moi ! C'est toi qui as la trouille !
T'as peur du vide ?
Non.
De l'eau ?
Non.
Des animaux ?
Non plus.
Ben, de quoi alors ?
Du sport.

COLORIAGE

1 : vert

2 : jaune

1. LA PEUR

Qu'est-ce que la peur ?

La peur est une réaction universelle qui existe chez tous les êtres vivants, de la souris à l'éléphant, en réaction à une menace ou à un danger.

À quoi sert la peur ?

Elle sert à se protéger et à augmenter ses chances de survie ! Dans toutes les espèces, la réaction de peur existe pour que très vite l'animal réagisse face au danger, soit par la fuite, soit par l'immobilisation, soit par le combat.

La peur est comme la douleur, c'est un mal nécessaire : imaginez une personne qui ne ressentirait pas les blessures, continuerait de laisser sa main sur une plaque chauffante allumée, de marcher sur une jambe fracturée, etc.

Un sujet qui n'aurait jamais peur se mettrait régulièrement en danger.

La peur est, comme la douleur, nécessaire : un suj

qui n'aurait jamais mal connaîtrait des problèmes.

...et quelles sont les peurs les plus répandues? On a étudié ça, je suppose?
Bien sûr!
La peur la plus fréquente est celle des animaux.
22% des gens en souffrent.
Oui, c'est vrai! Je me souviens avoir fait de sacrés détours pour éviter un chien qui traînait dans la rue!
Il y a aussi la peur des hauteurs.
Ça concerne environ 20,4 % de la population.
Puis vient la peur du sang.
13,9%
Ah bon? J'aurais pas cru!
Ensuite, il y a la peur des voyages aériens.
13,2 % des gens les redoutent!

il y a aussi la peur des espaces clos !
AU SECOURS ! je veux sortir !
Dis donc, c'est pas un réacteur qui est en train de flamber ?
Ah oui, t'as raison. j'avais pas remarqué !
Alors là, moi j'aimerais mieux qu'on se crashe pas en pleine mer. j'ai la trouille dans l'eau !
Ça aussi c'est une peur assez fréquente.
Ça concerne à peu près 9,4 % des gens.
Et enfin, il y a...
CRASH !
MAMAN ! J'AI VU UN ÉCLAIR !
Mais non mon chéri ! c'est juste un avion qui s'écrase !
(8,7 % des personnes ont peur de l'orage.)

Les trois visages de la peur

La peur se manifeste de trois manières, souvent associées :

• peur physique : le cœur s'accélère, les pupilles se dilatent, les muscles se tendent, les poils se dressent (comme chez le chat qui se hérisse pour paraître plus gros). Toutes ces manifestations témoignent d'une préparation du corps à l'action physique ;

• peur psychologique : on se concentre sur le danger supposé (c'est le phénomène de tunellisation), on ne voit plus que lui, on le grossit (c'est l'effet de loupe de la peur). Tout cela est utile en cas de vrai danger, mais cela devient gênant si c'est une fausse alerte. Comme le dit le proverbe russe : « La peur a de grands yeux. » ;

• peur comportementale : l'animal (et donc l'humain) qui a peur agira, en fonction de ses intérêts, selon l'un des « 3 F » des Anglo-Saxons : *Fight* (combat), *Flight* (fuite) ou *Freeze* (sidération).

Exemple scientifique

Un petit babouin est seul dans une cage. Un humain rentre dans la pièce. Le babouin ressent une violente peur physique (son cœur s'accélère) et psychologique (il voit l'intrus comme un prédateur possible, dévoreur de bébés singes), mais ce qu'il va faire dépend du comportement de l'expérimentateur. Si ce dernier ne regarde pas le petit singe, le comportement de peur du babouin va le pousser à l'immobilité (*freeze*) : il va se cacher derrière sa mangeoire et ne plus bouger pour se faire oublier.

Si l'humain le regarde, la peur du babouin va le pousser à l'agressivité : il va hurler, montrer les dents, secouer la cage pour impressionner l'homme (*fight*). Enfin, si le singe ne s'était pas trouvé dans une cage, il aurait pu aussi — et sans doute préféré — fuir (*flight*).

2. LES PHOBIES

Qu'est-ce qu'une phobie ?

Parfois, ce n'est plus une peur « normale » que l'on ressent, mais une véritable phobie. Dans la phobie, la peur :

- est très intense ;
- est incontrôlable ;
- pousse à la fuite.

Par exemple, si vous avez peur des araignées, vous serez tout de même capable de descendre à la cave chercher une bonne bouteille de vin. Si, en revanche, vous avez une phobie des araignées, ce sera impossible : vous serez saisi d'une panique complète à la vue du moindre arachnide et vous ne pourrez pas écraser l'objet de votre peur qui trotte vers vous, tant vous serez pris de panique. Alors vous préférerez servir de l'eau à vos convives durant tout le repas, en prétextant avoir égaré les clés de la cave. Pour vos vacances, vous refuserez, sous n'importe quel prétexte, une invitation dans une vieille maison de campagne (où pullulent sûrement les araignées).

Le Cadeau

VICTOR !
J'ai un cadeau pour toi !
Deux billets pour Montréal ! Je les ai gagnés à la tombola !
C'est sympa, mais... explique-moi. Pourquoi t'en veux pas ?
C'est Marianne. Elle a une peur bleue des voyages en avion.
Elle a déclaré forfait !
Non ! C'est trop bête !
Ben oui, c'est comme ça !
Mais voyons, elle peut quand même surmonter ça !
Rien à faire ! Elle veut pas !
La dernière fois, elle s'était bourrée de valium, et ça a quand même été un cauchemar !
Idéalement, il faudrait qu'elle voyage sous anesthésie générale !
Mais ça, elle en a peur aussi !
Quand même ! l'avion c'est beaucoup moins risqué que la voiture ! Tout le monde sait ça !
Elle le sait bien sûr ! Mais elle ne se raisonne pas !
Allez, arrête de discuter et prends ces billets !
Vous nous enverrez des cartes postales.
T'es sûr ?
Mais oui. Je t'assure !
D'accord ! C'est super ! Mais si tu veux les reprendre, tu n'hésites pas !
mais non ...

Quand même, c'est bizarre d'avoir aussi peur que ça des voyages en avion.
Quelle est la probalité pour qu'un avion s'écrase ?
1 sur 100.000 peut-être...
un sur 50.000 grand maximum...
Faut admettre que ça fait peu.
Évidemment, si ça tombait sur nous, ça serait vraiment pas de chance !
On se crashe avec Hélène... Dans ce cas-là, les statistiques tu t'en fous !
Parce qu'une chute de 7000 mètres, je connais personne qui s'en tire !
Et nos enfants ! Les pauvres petits ! Que vont-ils devenir ?
C'est horrible !
Alors qu'on devait passer des vacances peinards en Bretagne !...
C'est trop con !
Tiens, mais c'est Victor !
Qu'est-ce que t'as ? T'as l'air tout chose !
Fred ! Quelle coïncidence ! Je pensais justement à toi !
Ça te dirait pas d'aller au Canada ?
ben... si, je veux bien...
Formidable ! Voilà deux billets pour toi !
C'est super, mais...
Hélène a la phobie des avions, alors tu comprends...
Autant que ce soit toi qui en profites !
OUF !
Je suis un miraculé !

Les différentes phobies

On classe aujourd'hui les phobies en trois catégories :

• les phobies spécifiques, dont nous parlons dans ce chapitre ; elles correspondent en gros aux peurs des éléments naturels (animaux, noir, vide, eau, orages, sang, etc.) ;

• les phobies sociales, dont nous avons parlé (peur du regard et du jugement des autres) ;

• l'agoraphobie, dont nous parlerons un peu plus loin (peur de ressentir un malaise dans les lieux où l'on se sent coincé ou loin de ses repères).

LES DIFFÉRENCES ENTRE LES PEURS NORMALES ET LES PEURS PHOBIQUES

Peurs normales	Peurs phobiques

Il existe un danger plus ou moins réel.	Il n'existe pas forcément de danger.
On peut tout de même faire face, malgré la peur.	La peur nous impose la fuite ou nous sidère sur place.
On est assez tendu.	On est submergé par la panique.
On peut être rassuré (présence de quelqu'un à nos côtés, explications, raisonnement logique, etc.).	Rien ne peut nous rassurer.

CRÉMNOPHOBIE
peur des précipices

AÉRODROMOPHOBIE
peur des voyages en avion

ARACHNOPHOBIE
peur des araignées

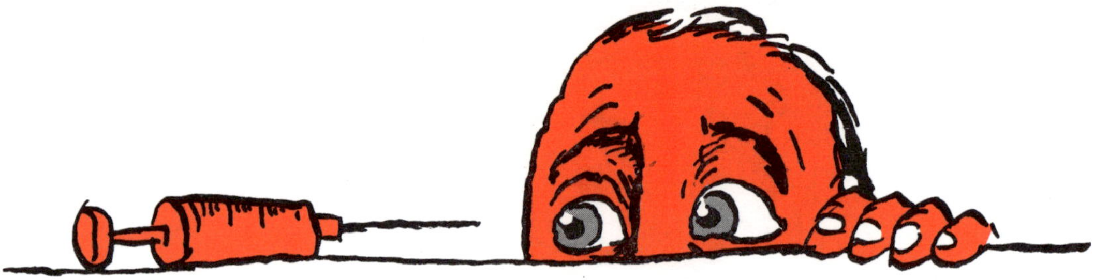

BÉNOLÉPHOBIE
peur des épingles et des aiguilles

HÉMATOPHOBIE

peur du sang

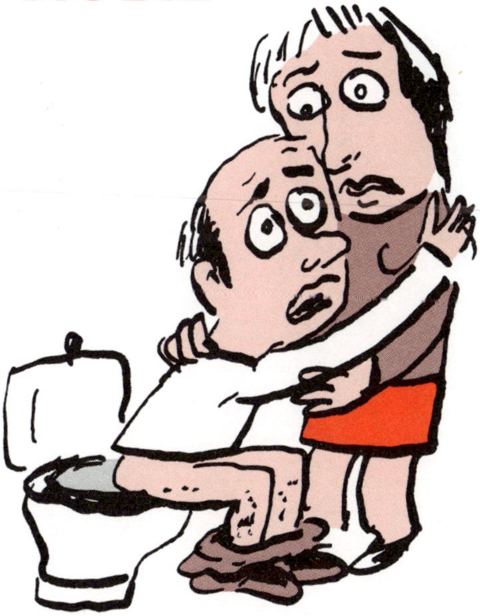

APOPATHODIAPHULATOPHOBIE

peur de la constipation

AILOUROPHOBIE
peur des chats

CYNOPHOBIE
peur des chiens

OÏCOPHOBIE

peur de revenir chez soi après une hospitalisation

SIDÉRODROMOPHOBIE

peur des voyages en train

ASTRAPÉPHOBIE
peur des éclairs

BRONTHÉMOPHOBIE
peur du tonnerre

CHEIMOPHOBIE
peur des orages

TAPHOPHOBIE
peur d'être enterré vivant

TRICOPHOBIE

peur des poils

3. POURQUOI LES PHOBIES ?

Les peurs et les phobies, même combat ?

Il est possible qu'il n'y ait pas de différence fondamentale entre les peurs normales et les peurs phobiques, mais simplement une différence d'intensité.

Premier exemple

Imaginez une automobile au système d'alarme déréglé, dont la sirène se déclencherait au moindre coup sur le pare-chocs et qui sonnerait tellement fort qu'elle alerterait tout le quartier deux kilomètres à la ronde pendant une heure. Voici donc un parallèle avec ce qui se passe chez les phobiques : leurs réactions de peur ne sont pas absurdes, mais se déclenchent trop tôt (par rapport à la menace réelle), trop fort et trop longtemps.

Second exemple

Un molosse énorme, montrant les dents, qui accourt à toute allure en aboyant, sans aucun maître à l'horizon, déclenchera de la peur chez à peu près tout le monde. Mais le phobique des chiens pourra ressentir la même peur face à un caniche qui l'observe de loin en remuant la queue, même s'il est tenu en laisse par son maître.

Il y a chez les phobiques ce que les chercheurs appellent une « décontextualisation » : la réaction de peur phobique est tellement forte que le sujet n'arrive plus à voir ce qui peut être rassurant dans le contexte (la laisse qui retient le chien).

La personne phobique est un peu comme une personne allergique : il lui suffit de faibles doses de danger potentiel pour déclencher la panique, tout comme quelques microgrammes de pollen provoquent une crise incoercible chez un asthmatique.

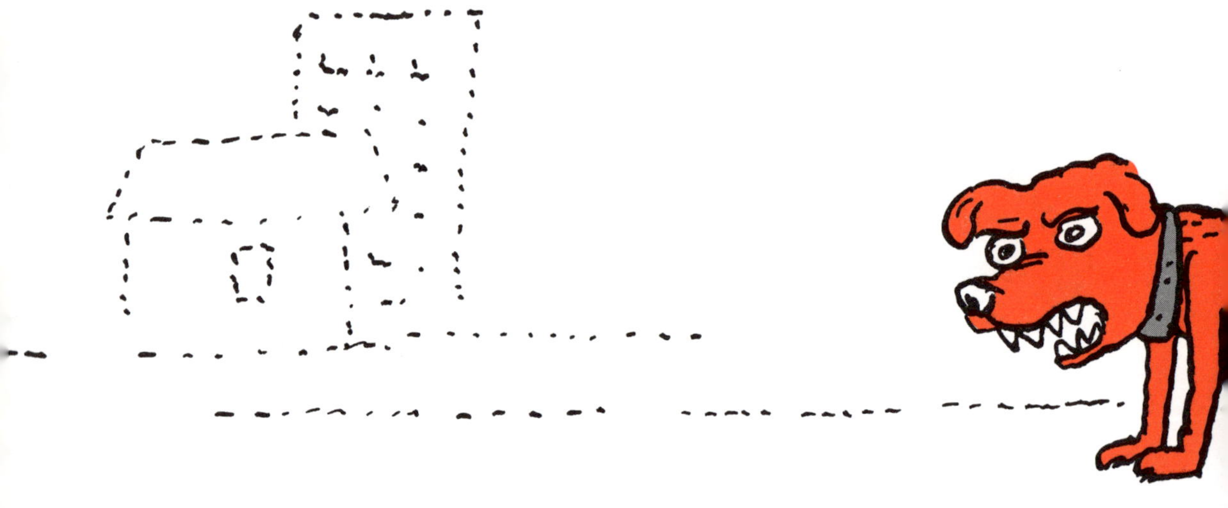

Phobiques et philiques

Est-il possible de ne jamais ressentir la morsure de la peur ? Sans doute pas, puisque même les plus grands guerriers ont souvent avoué avoir eu peur (c'est le fameux : « Tu trembles, carcasse... » de Turenne, maréchal de France sous Louis XIV). Mais, à l'opposé des phobiques, se trouvent aussi les « philiques ».

Il y a certes des arachnophobes, mais aussi des amateurs de mygales. Des acrophobes et des accros du saut à l'élastique... À y regarder de plus près, phobiques et philiques ne seraient-ils pas cousins ? Ne peut-on imaginer des liens entre ceux qui recherchent les sensations de peur et ceux qui les fuient ? Pourquoi va-t-on voir des films d'épouvante ? Pourquoi descendre et monter des montagnes russes ? Sans doute par besoin d'éprouver des frissons, à condition que ceux-ci soient brefs et maîtrisés. Les philiques seraient alors en quelque sorte des phobiques ayant réussi à dompter leur peur, et voulant se le prouver régulièrement... Ou tout simplement des individus qui veulent inconsciemment se faire des « piqûres de rappel » à la peur car cette émotion fondamentale semble bel et bien jouer un rôle capital pour la survie de notre espèce.

D'où viennent les peurs et les phobies ?

L'évolution

On suppose que les peurs sont nécessaires à l'espèce humaine ; elles en ont favorisé la survie. Ceux de nos ancêtres qui ne ressentaient pas assez de peurs ont sans doute survécu en moins grand nombre et ont eu moins de descendants que leurs congénères plus prudents : ne pas avoir assez peur du noir, du vide, du feu, des gros animaux, etc., pouvait entraîner blessures ou mort. Voilà pourquoi les peurs « naturelles » sont universelles et n'ont pas besoin d'être apprises lors de l'éducation ou lors de certaines expériences.

Mais comment expliquer les peurs excessives ? Certes, on retrouve parfois, dans le passé des personnes phobiques, des événements traumatisants : accident de voiture débouchant sur une phobie de la conduite, semi-noyade entraînant une phobie de l'eau, morsure aboutissant à une peur excessive des chiens… Pourtant, la phobie survient souvent sans qu'il y ait eu de traumatisme. On est alors allé jusqu'à supposer que l'influence de certains de ces traumatismes pouvait s'exercer par le biais de l'inconscient. Le roi d'Angleterre Jacques VI ne pouvait pas supporter la vue des couteaux ou des épées. Or, sa mère, enceinte, avait vu poignarder son amant, sous ses yeux, quinze jours avant sa naissance.

L'éducation

On sait que certaines phobies peuvent avoir été apprises au travers des propres peurs excessives des parents. Cette transmission peut s'exercer selon différents mécanismes.

Les parents, peuvent, par exemple, induire des appréhensions excessives chez leur progéniture en lui martelant des consignes de prudence et des recommandations angoissantes. Une maman trop anxieuse ou qui a peur des chiens, va ainsi répéter régulièrement à ses enfants : « t'approche pas trop, il peut te mordre, les chiens, on ne sait jamais ce qui peut leur passer par la tête. » Elle aura également tendance à raconter de nombreuses histoires d'accidents où des chiens ont mordu sévèrement des enfants (car elle sera elle-même très attirée et angoissée par ses histoires), et chacun sait que les enfants ont de grandes oreilles.

Mais même si papa ou maman sont attentifs à ne pas laisser filtrer leurs propres peurs, leurs rejetons sont d'assez fins observateurs pour repérer qu'un de leurs parents est très tendu lorsqu'un chien s'approche, qu'il sursaute légèrement si ce dernier aboie, qu'il ne caresse jamais un tel animal ou qu'il change discrètement de trottoir dès qu'il en aperçoit un à l'horizon. Cette façon d'acquérir des peurs est connue sous le nom d'« apprentissage par imitation de modèles ».

La peur des parents est donc souvent impliquée dans le développement de certaines phobies de l'enfant. Une patiente qui avait longtemps vécu dans les pays tropicaux racontait qu'à l'âge de 4 ou 5 ans, une grosse araignée se promenait sur son lit. C'est seulement l'arrivée de ses parents et leur réaction d'effroi (maman criant et papa s'acharnant sérieusement sur l'araignée) qui avait déclenché une phobie durable des araignées.

Parents phobiques, nous nous permettons donc quelques conseils : parlez de vos peurs à vos enfants plutôt que chercher à les cacher. S'ils manifestent des craintes excessives, encouragez-les simplement à les affronter peu à peu comme nous l'expliquons en fin de chapitre. Mais sans les contraindre : on n'a jamais amélioré une peur de l'eau en poussant quelqu'un de force dans la mer.

La biologie

De nombreux travaux ont démontré l'existence de circuits cérébraux de la peur : ils sont localisés, chez les mammifères, au niveau de la région de l'amygdale cérébrale (à la base du cerveau). Si on détruit cette région chez des souris, ces dernières ne ressentiront plus de peur et vont, par exemple, s'approcher d'un chat anesthésié pour lui mordiller les oreilles.

L'avis du psy

Les psychanalystes ont longtemps pensé qu'il y avait des conflits inconscients, des problèmes de sexualité refoulés, toute une symbolique cachée derrière les symptômes phobiques. Mais aujourd'hui, ces théories ne sont plus guère reconnues par les scientifiques, ou du moins, il semble qu'elles ne concernent qu'un nombre limité de phobies.

Pour résumer, on pense donc qu'on hérite souvent d'une vulnérabilité biologique familiale, véritable propension à la phobie, que l'éducation et les expériences de la vie vont concrétiser ou, au contraire, permettre d'éviter.

Faustine et les pigeons
C'est comme des rats !
Le matin, dès que je me réveille, ma première pensée va aux pigeons.
Ils m'ont toujours dégoûtée. Mais jusqu'à présent j'habitais en banlieue, chez mes parents, et je n'en rencontrais pas si souvent.
Seulement, depuis un an, j'habite à Paris et ma vie est devenue un cauchemar. Ils pullulent, ils sont partout.

L'autre jour, il y en a un qui est venu se percher sur la rambarde de la porte-fenêtre.
J'ai hurlé, j'ai tout essayé pour le faire partir. Ça ne lui a rien fait.
C'est pour ça que je n'ouvre jamais les fenêtres. S'il était rentré, j'en serais morte!
Puis vient le moment où je dois sortir, pour aller en cours.
pas de pigeon en vue ?
Avant d'ouvrir la porte de l'immeuble, je regarde à droite, à gauche...
va t'en sale bête!
Parfois, c'est le cas. Alors, je n'hésite pas à partir dans la direction opposée.

maison
faculté
La fac n'est pas loin, mais ça peut prendre du temps pour y arriver !
J'ai ensuite quelques trucs pour éviter les dangers. Par exemple, "le bouclier humain" (marcher derrière quelqu'un pour ne pas m'exposer)
Où alors, avoir quelques graviers dans la poche, en cas de mauvaise rencontre...
PAN !
Quand je serai riche, je me paierai un garde du corps...
AAH !! LÀ ! DERRIÈRE LA POUBELLE !!
Mais en attendant, il faut que je me débrouille toute seule. Je guette, je me méfie, et pourtant... il arrive que je me laisse surprendre...

ben quoi? c'est juste un morceau de carton!
BOM BOM
je ne suis jamais tranquille.
Enfin, j'arrive à la fac.
Me voilà en sécurité. Pourtant, je me suis rendue compte que depuis quelque temps, même dans un endroit clos, je suis sur mes gardes.
Alors, t'as bien révisé?
J'ai retrouvé mes copains La pression commence à baisser
T'es toute blanche!
Mais qu'est-ce que t'as?
non... non!...
Pas pour longtemps...

il y en avait ENCORE UN ! LÀ, DANS LE COULOIR !
J'EN PEUX PLUS ! J'EN AI MARRE !
allez ! dégage !
JE LES ATTIRE ! ILS sentent QUE J'AI PEUR !
allons, calme-toi...
J'EN SUIS SÛRE !! ON N'A JAMAIS VU UN PIGEON ici, Avant !
Ce jour-là, il y avait un examen. Je suis restée pétrifiée pendant deux ou trois heures.
ça te dérange si on roule fenêtres fermées ?
À la sortie, ma copine Cathy m'a proposé de me raccompagner.

On crève de chaud, mais au moins je me sens en sécurité.
J'aime bien Cathy ; elle me parle de sa peur des araignées. On se comprend.
Le soir, je revis. Les pigeons sont partis. Mais demain, tout va recommencer.

4. COMMENT VAINCRE VOS PHOBIES

Une peur vous gêne ? Comment la domestiquer ?

Acceptez et faites accepter votre peur au lieu de la nier et de la cacher

Peur des accidents ? Osez dire : « Va moins vite, j'ai peur de la vitesse. » Peur des chats ? Expliquez calmement : « Désolé, j'ai une peur bleue des chats. Ça peut paraître absurde, mais c'est comme ça : pouvez-vous le faire sortir de la pièce ? » La peur n'est pas une marque de faiblesse, celle d'une déficience ou bien encore celle d'un caractère « névrosé ».

Prenez un peu de temps pour réfléchir à vos peurs

Quel est le danger exact des situations que vous redoutez ? Au pire ? Est-ce que vous pensez vraiment pouvoir basculer dans le vide dès que vous vous approcherez de la rambarde de ce balcon ? Ou vous noyer dans cette piscine, entouré de vos amis ?

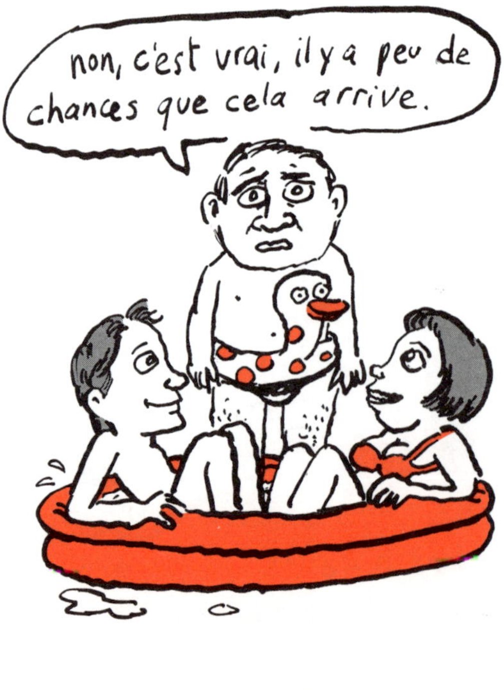

Recensez tout ce que vous devez fuir ou éviter

Évaluez pour chaque situation le degré de peur que vous ressentez. Cette liste servira à vous donner des objectifs que vous allez aborder progressivement. C'est ce qu'on appelle une « exposition graduée ». En effet, plus on affronte ses peurs, selon des règles précises, plus elles vont s'estomper.

Que faire en cas de phobie ?

Il n'existe pas de médicament véritablement utile dans le cas des phobies dites « spécifiques ». Vous allez donc procéder de la même façon que pour vaincre une peur simple, mais vous aurez sans doute besoin de l'aide d'un professionnel.

Votre thérapeute vous apprendra d'abord les règles à respecter lorsqu'on souhaite vaincre des peurs importantes :

Il faut, en effet, s'y confronter longuement, progressivement, régulièrement, complètement :

- longuement : il faut que la confrontation dure au moins 30 à 45 minutes, surtout au début, pour que votre anxiété ait le temps de diminuer de 50 % ;
- progressivement : ne vous attaquez pas aux situations les plus dures dès le début, commencez par des objectifs faciles ;
- régulièrement : une fois ne suffit pas ! Pour que la peur diminue durablement, répétez plusieurs fois chaque exercice jusqu'à ce qu'il ne soit plus angoissant ;
- complètement : concentrez-vous sur ce que vous faites, n'essayez pas de penser à autre chose, cela ferait durer la peur encore plus longtemps. Même si c'est pénible, c'est comme cela que vous ferez reculer la phobie. Si des images ou des scénarios catastrophe vous viennent à l'esprit, n'essayez pas de les chasser, mais regardez-les en face, détaillez-les et évaluez-en la probabilité (« Je me vois basculant par-dessus la rambarde de ce balcon ; mais quel risque exact que cela ait lieu ? »).

LISTE DE SITUATIONS ANGOISSANTES À AFFRONTER PROGRESSIVEMENT CHEZ UNE PATIENTE QUI A PEUR DES CHIENS

5
je marche devant la grille d'une villa où de gros chiens aboient systématiquement après les passants en grognant et montrant leurs dents.
6
Je parle au propriétaire d'un gros chien tenu en laisse, en m'approchant environ à un mètre de son animal.
7
je caresse un petit chien.
8
je caresse un gros chien non tenu en laisse.
9
je m'agenouille pour caresser un gros chien et me mettre à son niveau.

DOMESTIQUEZ dès maintenant VOTRE ACROPHOBIE !!

(peur des hauteurs)

1. EXPOSEZ-VOUS LONGUEMENT (que votre anxiété ait le temps de diminuer de 50 %)

2. PROGRESSIVEMENT (ne vous attaquez pas aux situations les plus dures dès le début)

3. COMPLÈTEMENT (si des scénarios catastrophe vous viennent à l'esprit, n'essayez pas de les chasser)

EN CAS DE PHOBIE, la même chose, mais sans doute avec l'aide d'un thérapeute, qui vous apprendra des techniques supplémentaires (relaxation, contrôle des pensées angoissantes...)

Votre thérapeute vous apprendra des techniques supplémentaires

Par exemple, comment vous relaxer, contrôler vos pensées angoissantes et les scénarios catastrophe, parler de votre phobie à votre entourage.

Parfois aussi, il vous accompagnera sur le terrain

Pour vous aider à affronter vos peurs, mais même dans ce cas, ce sera à vous de répéter régulièrement les exercices pour faire reculer la peur durablement.

À l'issue d'une thérapie réussie

Votre peur sera revenue à un niveau normal et supportable : vous n'aimerez pas forcément faire du saut à l'élastique mais vous serez capable de regarder depuis un balcon ; vous n'adorerez pas forcément les chiens, mais vous pourrez les laisser s'approcher de vous sans paniquer, etc.

4

PAS DE PANI

QUE!

CRISES D'ANGOISSE, ATTAQUES DE PANIQUE ET AGORAPHOBIE

Excusez-moi...
je me sens mal...
Est-ce que vous pourriez ouvrir la fenêtre? ...
aaah...
Venez, on va s'asseoir...
Si vous saviez ce que j'endure ...

je suis spasmophile ET claustro-phobe !
je fais du yoga, je prends du magnésium...
mais ça marche moyen sur mes crises...
Écoutez, j'ai un copain psychiatre ; si vous voulez je vais l'appeler.
Voilà, je t'ai tout raconté !
Pour moi, c'est simple ; c'est une attaque de panique !
c'est une attaque de panique !
et attends, j'ai encore un truc à te demander...
Est-ce que c'est contagieux ?

1. DES CRISES D'ANGOISSE, ÇA PEUT ARRIVER À TOUT LE MONDE...

Anxiété et crises d'angoisse

L'anxiété peut présenter plusieurs visages. Elle peut se manifester par des ruminations chroniques, dures à chasser de son esprit. Mais il arrive aussi que l'on ressente l'anxiété sous forme de crises aiguës, procurant parfois un véritable sentiment de panique. On peut noter que le mot « angoisse » est utilisé, en général, par les psychiatres pour désigner des crises aiguës avec de nombreux signes physiques, tandis que le mot « anxiété » désigne plutôt des phénomènes psychologiques chroniques.

LES DEUX VISAGES DE L'ANXIÉTÉ

Ruminations anxieuses (Anxiété rampante)	**Crises d'angoisse** (Anxiété explosive)
Thèmes liés à la vie quotidienne : trop de choses à faire, pas assez d'argent, incertitudes sur l'avenir, etc.	Thèmes quasi-métaphysiques : la mort, la maladie, la perte de contrôle de soi, la folie, l'infini, l'au-delà, etc.
Souvent chroniques, peu intenses, compatibles avec les activités quotidiennes.	Brutales, très intenses, incompatibles avec les activités quotidiennes.
Signes physiques discrets, au second plan (fatigue chronique, tensions musculaires, etc.).	Signes physiques explosifs, souvent au premier plan (malaise physique important, parfois impression que l'on va mourir sur place).
Sensation d'une continuité avec des soucis habituels et quotidiens.	Impression d'une rupture, on se sent étrange, dans un état second, anormal, inhabituel (parfois, impression que l'on va devenir fou ou perdre le contrôle de soi).

de l'air!

Pourquoi a-t-on des crises d'angoisse ?

Tout le monde peut ressentir des crises d'angoisse

Les causes en sont parfois « mécaniques » : chacun de nous peut se sentir mal à l'aise et oppressé dans des lieux surpeuplés, surchauffés, fermés. Cela est sans doute dû à l'augmentation des taux de gaz carbonique (CO_2) dans l'air que l'on inspire, ce qui déclenche dans notre cerveau une réaction d'alarme physiologique inconsciente (des récepteurs cérébraux évaluent — à tort — que nous risquons l'asphyxie). Ce type de sensations de malaise est assez fréquent dans les grands magasins pendant les soldes, lors de concerts, de soirées, dans le métro aux heures de pointe, etc.

Paradoxalement, chez certains citadins, c'est parfois le silence et la solitude (par exemple, à la campagne) qui peuvent déclencher de l'angoisse. Probablement parce que les petits soucis de la vie urbaine (bruits, agitation, activités multiples) leur permettent de ne pas penser à leurs véritables angoisses…

Il peut aussi exister des causes métaphysiques aux crises d'angoisse : de nombreux penseurs, mystiques et philosophes ont décrit leurs vertiges existentiels face à la mort, au cosmos, à la notion d'infini… Pascal, dans ses *Pensées*, écrivait par exemple : « Le silence éternel de ces espaces infinis m'effraie. »

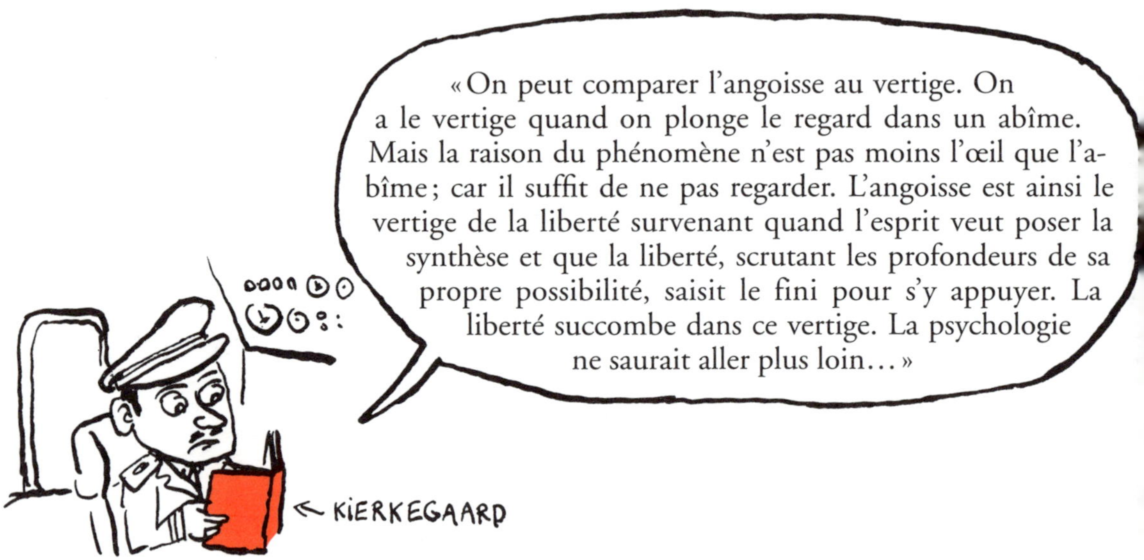

Excusez-moi Mademoiselle...
J'ai l'impression que nous sommes en train de tomber...
C'est tout à fait exact Monsieur!
Le pilote vient soudain de réaliser la fragilité de sa condition...
... et ceci a entraîné chez lui une crise d'angoisse?
Exactement Monsieur!
C'est vrai qu'on est bien peu de choses!
Ceci dit, cette petite conversation nous aura fait paraître le temps moins long!
Je peux avoir une bière, Mademoiselle?

Enfin, les crises d'angoisse sont souvent facilitées par un état physique particulier de l'organisme : stress prolongé, fatigue, privation de sommeil, consommation excessive de café ou de drogues. Tous ces facteurs facilitent la survenue de crises d'angoisse, surtout chez les sujets prédisposés.

Une petite expérience ?

Si vous voulez expérimenter ce que peut être une attaque de panique, mélangez volontairement tous ces ingrédients : à une période où vous êtes stressé, buvez beaucoup de café, passez une nuit blanche, allez faire vos courses dans une grande surface un samedi après-midi. À ce moment, rappelez-vous que vous êtes mortel et que la vie est brève et fragile, demandez-vous si votre cœur ne bat pas un peu bizarrement (comme s'il allait s'arrêter) ou si ce léger vertige que vous ressentez ne peut pas dégénérer en syncope, etc.

Est-ce normal ?

Des crises d'angoisse isolées peuvent arriver à tout le monde mais si elles se répètent, il y a peut-être un problème.

CRISES D'ANGOISSE : CE QUI EST « NORMAL » ET CE QUI NE L'EST PAS	
Crises d'angoisse « normales »	**Crises d'angoisse évoquant un trouble panique**
Rares, voire uniques.	Répétées.
Surviennent à un moment compréhensible (période où l'on a des soucis majeurs, ou un stress intense ; circonstances extérieures pénibles).	Ne surviennent pas toujours au moment où on a le plus de problèmes, ou dans des lieux objectivement oppressants.
Ne laissent pas d'autres séquelles qu'un mauvais souvenir (« ce n'était pas agréable »).	Laissent des séquelles, exactement comme un traumatisme (« c'était affreux, pourvu que ça ne recommence pas »).
Pas de modifications du comportement et du mode de pensée : on arrive à reprendre la vie comme avant.	On ne voit plus les choses comme avant (on évite tout ce qui pourrait déclencher une crise), et on vit dans la crainte d'un retour de l'angoisse.

Que personne ne bouge! Ceci est une attaque de panique!
BOM BOM

2. LE TROUBLE PANIQUE

Qu'est-ce que le trouble panique ?

Les psychiatres appellent « trouble panique » la répétition d'attaques de panique. Une attaque de panique est une crise d'angoisse très forte, qui arrive très vite à son maximum, pendant laquelle on a l'impression qu'on va mourir, devenir fou, ou perdre le contrôle de soi et commettre un acte anormal (se jeter par la fenêtre, provoquer un accident, se rouler par terre en hurlant).

La première attaque de panique survient le plus souvent dans des circonstances banales de la vie quotidienne (conduite automobile, files d'attente, courses dans un grand magasin, etc.).

Comme il s'agit d'une expérience très pénible, elle laisse une véritable empreinte traumatique : la personne qui en a été victime y repense constamment et vit dans la peur que d'autres attaques ne reviennent à tout moment (« Et si j'avais un malaise, juste là ? »). C'est d'ailleurs le cas : d'autres attaques de panique se reproduisent le plus souvent, à la suite de la première.

Les paniqueurs se souviennent, en général, très précisément du jour et de l'heure de leur première attaque de panique ; pour eux, il y a un « avant » et un « après ».

PREMIÈRE ATTAQUE DE PANIQUE

La première fois que ça m'est arrivé, c'était en 1995, à mon cours de gymnastique...

"J'ai la tête qui tourne, les bras et les jambes flageolantes..."

Dans les vestiaires, je dois faire un effort surhumain pour me rhabiller.

Je demande un sucre. "Je fais peut-être une chute de tension...?"

J'ai cru que je n'arriverais jamais jusqu'à ma voiture. Je tiens à peine debout...

"Il faut que j'aille chercher Jules à l'école! Mais je me sens de plus en plus mal. Je ne peux plus respirer."

j'arrive à peine à conduire, le volant me semble si lourd... Si j'ai un malaise, qui va me sauver ?...
je roule sur la file de droite, très lentement. je vois deux agents. je m'arrête. Dans un tourbillon, très loin, j'entends des klaxons.
j'étouffe ! Un des agents me dit que je dois partir, je gêne la circulation.
Mais je ne peux plus bouger. je lui demande d'aller chercher Jules à l'école.
?
L'autre, déconcerté, ne sachant que faire, reste auprès de moi.
ça... va... pas...
Cette douleur dans la poitrine devient intenable. j'essaie de parler...
"Et Jules ? Où est-il ? j'ai mal. Est-ce que je suis en train de mourir ?"

La spirale panique

La spirale panique est l'enchaînement incontrôlable de pensées et de sensations angoissantes, qui aboutit peu à peu à une montée de la panique.

...et si je faisais un malaise ...
de quoi je vais voir l'air à l'hopital?!
je les ai pas changées depuis au moins une semaine!
et mes chaussettes!
je vais mourir!
au secours!
j'ai la langue qui gonfle!!
ou une hémorragie cérébrale?
un infarctus?

Faux diagnostics et trouble panique

Le plus souvent, les paniqueurs vont d'abord consulter des médecins « somaticiens » (qui s'occupent du corps). Ils atterrissent souvent aux urgences des hôpitaux (« Docteur, vous êtes sûr que ce n'est pas un infarctus ? »). Là, on leur dit que « ce n'est rien » et qu'ils sont un peu fatigués nerveusement. Puis, ils font souvent tout le circuit des spécialistes : cardiologues (« Non, non, ce n'est pas un infarctus. »), ORL (« Non, non, ce n'est pas une tumeur de l'oreille interne. »), pneumologues (« Non, non, ce n'est pas un cancer du poumon. »), neurologues (« Non, non, ce n'est pas une tumeur cérébrale. »), et autres gastro-entérologues ou endocrinologues, selon les signes physiques qu'ils présentent pendant les attaques de panique.

Les paniqueurs sont souvent aussi catalogués « spasmophiles ». La spasmophilie, comme la crise de foie, est une spécialité médicale française : elle n'existe dans aucun autre pays au monde. Folklorique ? Certes, mais à cause de ce type de diagnostic, beaucoup de paniqueurs ne reçoivent pas les soins efficaces, et prennent inutilement du calcium ou des tranquillisants pendant des années.

PANIQUE
direction
!
Vous avez pris vos anxiolityques ?
Non. Je les ai oubliés à la maison...

Au mieux, beaucoup de paniqueurs sont souvent étiquetés « claustrophobes », car ils ne supportent pas d'être enfermés et coincés :

• dans des endroits étroits, comme les ascenseurs, les carlingues d'avion, les pièces ou salles d'attente sans fenêtres ;

• sur des sièges en milieu de rangée (au cinéma, au théâtre) ;

• dans des repas protocolaires (« Si j'ai un malaise et envie de sortir d'ici, comment ne pas attirer l'attention sur moi ? »).

Cela dit, le trouble panique va bien au-delà d'une simple claustrophobie.

Comment va évoluer un trouble panique ?

La vie quotidienne devient très compliquée une fois que l'on souffre d'un trouble panique : sortir de chez soi, faire des courses représente une épreuve, tout comme partir en vacances sur une autoroute surpeuplée, prendre l'avion, etc. Le sujet est en permanence aux aguets des signes physiques qui pourraient signifier le retour d'une attaque de panique ; il ressent d'ailleurs beaucoup de symptômes gênants, et vit dans la crainte constante que ceux-ci ne débouchent sur un malaise grave.

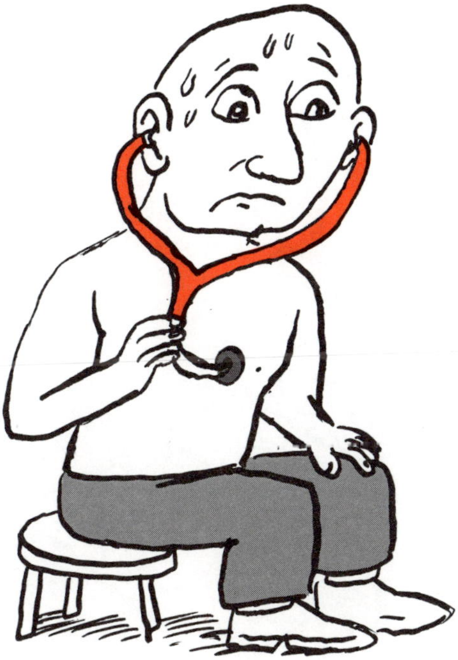

"J'ai peur de tomber. J'ai peur d'avoir peu.
de tomber, de m'évanouir dans la rue,
que les gens me regardent. J'ai peur de
me flanquer par terre. J'ai peur d'avoir
un malaise. Pourquoi je suis
sortie de l'appartement
il y a des gens dans le
hall. J'ai peur de tomb
devant eux. Je vais
remonter. Non, je dois
essayer encore. Il faut
que j'aille au Prisu. Pourquo
je suis comme ça? Pourquo
j'ai le vertige? Je vais
prendre les petites rues,
si je me sens mal, je m'ac-
croupirai. Je ne veux pas
que les gens me voient.
Pourquoi je suis si mal?
C'est tous ces
médicaments
que je prends...
Je ne peux pas
arrêter, c'est pire
encore. Commen
font les gens?
Ça a l'air simple
pour eux de sortir,
de marcher, d'alle
d'un point à un autre.

Et moi, je ne tiens même pas debout. Au Prisu, la travée est si longue. Je n'y arriverai jamais. Alors je m'accroupis. J'étudie consciencieusement une bouteille de shampooing, dont je n'ai rien à faire, pour me donner une contenance. Je ne veux pas qu'on me prenne pour une folle. Au bout, enfin, j'arrive à la boulangerie. J'aimerais bien prendre des gâteaux. Je crois que je vais prendre une Forêt Noire et... un Paris-Brest. Non... une tartelette... et... c'est quoi ces petites choses? Qu'est-ce qu'il y a dedans? Non, c'est pas possible. Le temps de demander cela et de me faire servir, j'aurais le temps de tomber cinq fois dans les pommes. Donnez-moi une baguette. Faut faire vite, faut faire simple, faut que je me sauve, j'ai le vertige. À la caisse, il y a la queue. Ça dure une éternité. Je ne vais pas le supporter. L'air de m'excuser, je dis à la fille derrière moi: "J'ai oublié quelque chose." Et je quitte la file. J'abandonne la baguette dans un coin et je me sauve.

À la maison, j'ai toujours mon téléphone à portée de main pour appeler Maman. Il n'y a rien à manger. Toute cette expédition pour rien! Je trouve quand même deux patates. Je les épluche en m'appuyant la tête contre le placard pour ne pas tomber. Tout à l'heure, j'essaierai de prendre ma douche. Hier j'ai pas pu. Si je m'évanouis, je ne veux pas qu'on me découvre toute nue. Tout est compliqué, tout est sans plaisir."

"Ma vie

est foutue."

De la panique à l'agoraphobie

Au bout d'un moment, les attaques de panique vont se déclencher dans de très nombreuses situations ou activités, par exemple toutes celles qui vont s'accompagner des petits signes physiques: ces derniers enclenchent alors la spirale panique. Ainsi, marcher rapidement ou faire du sport entraîne une accélération normale du cœur, mais le paniqueur l'interprète comme un signe avant-coureur d'infarctus. La station debout prolongée provoque chez tout le monde de légers vertiges, dus à une petite hypotension, mais le paniqueur les perçoit comme des prodromes d'hémorragie cérébrale. Ressentir une discrète gêne respiratoire dans un lieu clos ou surchauffé est bénin, sauf pour le paniqueur qui va aussitôt envisager une asphyxie prochaine.

La tentation des patients paniqueurs est, bien sûr, d'éviter, autant que possible, ces débuts d'attaque de panique, très pénibles. Mais tous ces petits évitements progressifs vont alors déboucher sur de l'agoraphobie.

PANIQUE DANS LA FILE D'ATTENTE

3. L'AGORAPHOBIE

Qu'est-ce que l'agoraphobie ?

On appelait autrefois agoraphobie la peur des lieux publics ou des espaces découverts (du mot « *agora* » : place publique chez les Grecs dans l'Antiquité).

La définition moderne de l'agoraphobie décrit plutôt la peur de se retrouver coincé dans des situations où avoir un malaise serait problématique. En ce sens, l'agoraphobie est toujours une complication du trouble panique : c'est la peur et l'évitement des lieux et activités où on pourrait être victime d'une attaque de panique.

Il peut exister des variantes subtiles dans la survenue de l'angoisse, en fonction de la possibilité, ou non, d'une « sortie de secours » en cas d'attaque de panique : par exemple, conduire sur une petite route départementale aux heures creuses peut ne pas être angoissant, car « en cas de malaise, je peux m'arrêter sur le bord ». Par contre, le périphérique ou les voies rapides posent un problème, car il est difficile ou impossible de s'y arrêter.

PANIQUE aux GRANDS MAGASINS
Pourquoi je suis venue ici ?!
On est tassés, c'est pas possible !
Il faut que je sorte d'ici au plus vite...
...sinon je vais faire un malaise...
Excusez-moi...
C'est pas vrai ! On est complètement bloqués !
En tout cas, c'est la dernière fois que je viens faire les soldes !
PROMO !!
2 € le cageot

Les mécanismes de l'agoraphobie

L'agoraphobie est une phobie double : on a une peur extrême de certaines situations et de certaines sensations. D'où de nombreux évitements :

• évitements de situations. Si on peut, on se débrouille pour ne pas prendre le métro, accepter d'invitations à des repas assis, ne pas conduire sur une autoroute, ne pas s'éloigner de chez soi, ne pas se rendre dans des quartiers inconnus, etc. ;

• évitements de sensations (dits « subtils » car ils passent souvent inaperçus). Si on n'a pas pu éviter les situations, on essaie de prévenir la survenue du malaise. Par exemple, en s'appuyant sur le rebord de la caisse dans la file d'attente (pour éviter une chute due aux vertiges), en s'asseyant toujours près de la sortie, en se tenant en bout de rangée au théâtre ou au cinéma, ou près d'une fenêtre dans les lieux étrangers (en cas de difficulté à respirer, ou de sensation d'étouffement), en prenant le wagon de métro juste derrière le conducteur (pour le prévenir en cognant à sa porte, en cas d'infarctus foudroyant).

Agoraphobie et complications existentielles

Alibis, justifications et rationalisations

Rien n'est simple lorsqu'on souffre de trouble panique. Comment expliquer à ses amis qu'on ne peut pas conduire sur le périphérique et donc les accompagner à l'aéroport ? Qu'on ne supporte pas les dîners assis ? Les petites pièces ?

Les personnes souffrant d'agoraphobie avec trouble panique sont obligées de fournir des justifications à leur entourage pour expliquer leurs dérobades.

Souvent aussi, elles se mentent à elles-mêmes par des rationalisations : « Je n'ai pas envie d'aller à cette soirée, finalement. » ou « Je n'ai pas envie d'aggraver la pollution ambiante en prenant ma voiture sur le périphérique. »

COMMENT EXPLIQUER À SES AMIS
qu'on ne peut pas conduire
sur le périphérique, et donc
les accompagner à l'aéroport ?
avec Eric.
et Marc
Dis donc Marc, tu pourrais me conduire à l'aéroport demain ?
euh...
zut !
ben... euh... tu vois Eric...
Je ne peux pas décemment lui dire que j'ai la trouille sur le périphérique !
J'aimerais beaucoup te rendre ce service, mais ...
vite ! Faut que je trouve un alibi !
... mais le problème, c'est que...
Faut que je trouve un truc !
... c'est que ...
Mais, qu'est-ce que tu fais ?!!
T'AS JETÉ TES CLÉS !
Ben oui. C'est ça le problème ! j'ai perdu les clés de ma voiture !
ouf !
plouf !
Mais pourquoi t'as fait ça ?!!
En plus, t'es sur un stationnement interdit !
merde !

Altération de la qualité de la vie

Il peut exister de « petites » agoraphobies (limitées à des évitements subtils), mais aussi des agoraphobies très importantes, dans lesquelles la personne ne peut quasiment plus sortir de chez elle, sauf si elle est accompagnée par des personnes de confiance. À la longue, tous ces refus de sorties, cette dépendance à l'entourage pour la moindre démarche, entraînent une limitation très handicapante de la vie personnelle et professionnelle. Cela conduit souvent à des états dépressifs à répétition.

Est-ce fréquent ?

Le trouble panique, avec ou sans agoraphobie, toucherait environ 2 à 4 % de la population. Il démarre le plus souvent chez l'adulte jeune, entre 20 et 30 ans.

Les causes du trouble panique et de l'agoraphobie

L'hypersensitivité anxieuse

Il existe probablement une vulnérabilité physiologique chez certaines personnes, plus sensibles que d'autres aux stimuli physiques. C'est chez elles qu'on retrouve la « peur de la peur » : ils redoutent de déclencher par eux-mêmes des paniques, car s'ils en ressentent ce qui ressemble à un signe avant-coureur (petite extra-systole, petit vertige orthostatique...), ils s'affolent, ce qui déclenche le malaise.

Si leur éducation (par un parent lui-même anxieux ou paniqueur) ou certains événements de la vie (comme la survenue accidentelle d'un malaise normal dans un lieu public surchauffé) vont dans le même sens, le trouble apparaît et se développe alors chez ces sujets hypersensibles.

En gros, la transmission est à la fois génétique (il existe des tempéraments prédisposés), comportementale (les enfants reproduisent ce qu'ils voient faire par leurs proches), et éducative (s'ils se sentent trop protégés, ils vont en conclure qu'il y a vulnérabilité chez eux et danger autour d'eux).

La personnalité dépendante

Pendant longtemps, les paniqueurs ont été considérés comme des « névrosés », présentant divers troubles de la personnalité. Ce n'est pas toujours vrai. Chez certains paniqueurs, il peut, certes, exister des « bénéfices secondaires » à leur trouble : l'entourage se mobilise pour eux (on les accompagne pour la moindre sortie, on les transporte en voiture…), ce qui les arrange d'une certaine façon (mais cela comporte aussi beaucoup d'inconvénients). Parfois, l'entourage y trouve lui aussi son compte : un mari jaloux sait que sa femme agoraphobe ne sortira pas sans lui ; il peut donc ne pas être très chaud pour qu'elle aille voir un psychiatre qui risquerait de la guérir.

C'est la même chose dans le cas de parents possessifs vis-à-vis de leur enfant paniqueur (au moins un qui ne les abandonnera pas !). Mais tout cela est tout de même bien moins fréquent qu'on ne le pensait. La plupart des paniqueurs n'ont qu'une envie : guérir de leur trouble.

Certains patients agoraphobes ont parfois une personnalité dépendante : ils sont très sensibles à la perte de lien, car ils ont peur de se retrouver seuls et abandonnés. En général, ils ont eu des antécédents d'anxiété de séparation dans l'enfance : peurs de quitter leurs parents devant la porte de l'école, d'aller dormir chez des copains…

Le rôle des stresseurs psychosociaux

Le plus souvent, il existe dans les deux ans qui précèdent la première attaque de panique, une accumulation de soucis : problèmes personnels ou professionnels, maladie du sujet ou d'un proche, motifs de fatigue ou d'é-

puisement durables, soucis majeurs, importants problèmes d'argent, etc. Toute cette période semble représenter une « sensibilisation », une préparation du système nerveux à la première attaque de panique.

Mais paradoxalement, il est fréquent que le début des attaques de panique ne se produise qu'après coup, lorsque les problèmes semblent s'être éloignés ou que le sujet commence à s'y habituer : c'est le moment, en fait, où l'on commence à « baisser la garde » et à tenter de récupérer, le moment où l'on n'est plus en phase de lutte active contre les difficultés de l'existence. Le choc n'en est que plus grand.

Un trouble universel

Quelles qu'en soient les origines – très probablement multiples : génétiques, éducatives et existentielles – le trouble panique avec agoraphobie paraît en tout cas universel, même s'il peut prendre des visages différents selon les cultures. On parle ainsi en Amérique du Sud des « ataques de nervios », tandis que les Eskimos peuvent souffrir du « vertige du kayak », fort ennuyeux pour la chasse au phoque. Le plus célèbre des psychiatres japonais, Morita, décrivait dès le début du XXe siècle une maladie dénommée « Shinkeishitsu » dont la description évoque fortement la crainte excessive des sensations corporelles, ressenties par de nombreux patients paniqueurs : « Plus nous nous concentrons sur une sensation, plus elle devient intense et plus notre attention se focalise sur elle. On est alors dominé par la frayeur. En cas de crises répétées, le malade devient progressivement victime de la peur dans la vie quotidienne. »

4. FAIRE FACE À LA PANIQUE ET À L'AGORAPHOBIE

Faire face à soi-même

Si vous ressentez une crise d'angoisse, sachez qu'elle ne pourra en aucun cas vous tuer ou vous rendre fou. Cela peut simplement (c'est déjà beaucoup) être une expérience particulièrement pénible. Mais rappelez-vous : dans tous les cas, l'angoisse finit par diminuer, c'est une question de temps.

Si vous êtes sujet à de telles crises, limitez les excitants comme le café ou le tabac. Évitez le manque de sommeil. Faites du sport, plusieurs études en ont montré l'intérêt : une activité physique régulière désamorce peu à peu les réflexes anxieux liés aux sensations physiologiques.

Attention, ne fuyez pas les situations où vous ressentez des débuts de malaise anxieux : vous risquez d'aggraver le problème et d'évoluer vers une agoraphobie. Si vous ne pouvez pas éviter d'éviter, il vaut mieux que vous consultiez.

Les médicaments

Attention au réflexe poussant à prendre des tranquillisants. Ils ont un effet immédiat et soulagent assez efficacement les crises aiguës d'angoisse, mais cet effet est incomplet à long terme : l'angoisse revient toujours. Il y a de plus un risque de dépendance physique (rebond d'anxiété à l'arrêt du médicament) et psychologique (on ne peut plus sortir sans sa boîte de comprimés sur soi).

Mieux vaut se faire prescrire certains antidépresseurs ayant une action antiphobique spécifique : à ce jour, les sérotoninergiques (agissant sur un neuro-transmetteur cérébral appelé sérotonine) sont les plus efficaces pour prévenir la survenue d'attaques de panique. Associés à une psychothérapie, ils permettent de limiter l'intensité de l'angoisse et de faciliter la confrontation progressive aux situations redoutées. Mais ils doivent être pris sur une période assez longue (au moins un an).

Les psychothérapies

Les thérapies à recommander reposent sur différentes techniques qui vont progressivement permettre aux paniqueurs de se confronter à ce qui leur fait peur (situations et sensations), de changer leur style psychologique (pour ne plus s'affoler de manière incontrôlable), et de s'affirmer d'avantage face à leur environnement.

Se confronter à ce que l'on redoute

L'exposition aux sensations angoissantes

Vous devrez d'abord repérer de quoi vous avez peur précisément : de vous étouffer, d'avoir un infarctus, une syncope.

Vous identifierez ensuite quels sont les signes physiques qui vous paraissent avant-coureurs de la catastrophe redoutée : l'impression de manquer d'air, l'accélération du rythme cardiaque, un petit vertige lié à une hypotension orthostatique.

Vous aurez ensuite à provoquer volontairement ces signes : affronter la sensation de manque d'air en respirant dans une paille, faire battre votre cœur très fort en montant quatre étages en courant, déclencher un vertige en restant debout longtemps, etc.

Que recherche votre thérapeute en vous faisant affronter tout cela ? Tout simplement vous montrer que si vous tenez bon face à ces signes physiques pénibles sans vous enfuir, les catastrophes redoutées n'apparaissent pas. Lorsque vous aurez répété ces exercices un nombre suffisant de fois, vos peurs seront de moins en moins fortes, et tout à fait contrôlables.

L'exposition aux situations angoissantes

Le thérapeute vous proposera, selon le même principe, d'affronter les situations que vous redoutez, selon les règles classiques : assez longtemps, progressivement, régulièrement… Au début, le thérapeute peut vous accompagner (dans le métro, les magasins, les files d'attente, etc.) si votre angoisse est trop forte.

Modifier son style de pensée

Au travers de dialogues interactifs avec le thérapeute, vous serez amené à prendre conscience des mécanismes psychologiques de votre anxiété : l'amplification inconsciente des sensations corporelles (« Ce gargouillis-là, ce ne serait pas une occlusion intestinale ? »), l'alimentation de la spirale panique par les scénarios catastrophe (« Je vais périr en 30 secondes sur le trottoir sans qu'aucun passant ne vienne à mon secours. »). Vous apprendrez ainsi peu à peu à contrôler, puis à supprimer la montée de l'angoisse.

S'affirmer

Il s'agit de vous apprendre à exprimer vos émotions (les paniqueurs ne le font pas facilement ; pourtant, les émotions fortes, ou réfrénées, facilitent les attaques de panique) et à exister de façon autonome face aux autres (les paniqueurs ont peur de perdre le soutien de leur entourage s'ils s'affirment). Ce travail se fait sous forme de jeux de rôle destinés à apprendre à dire non, à exprimer une critique, un désaccord, un sentiment de colère, etc.

Réfléchir sur les origines de son mal

Inutile de passer dix ans en psychanalyse pour soigner un trouble panique. Mais un travail sur votre passé peut avoir un intérêt tout de même, afin de comprendre les origines inconscientes éventuelles de votre trouble.

5

TICS ET

TOCS

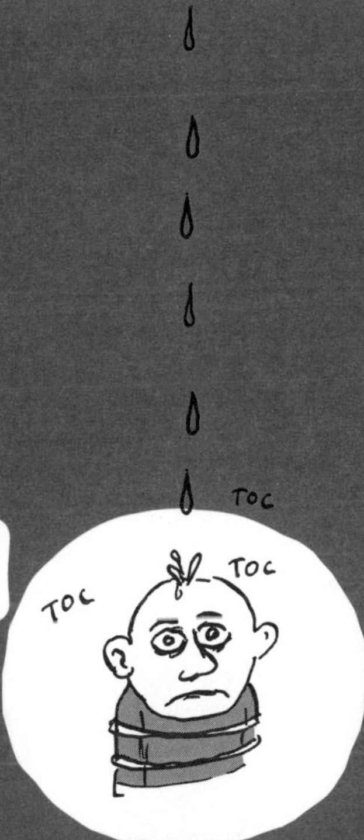

MANIES, OBSESSIONS ET IDÉES FIXES

attendez!
faut que j'aille vérifier que j'ai bien fermé la voiture!
alors?
c'est bon. c'était bien fermé!

STOP!
ce gars-là, faut pas le suivre de trop près!
inutile de tenter le sort!
moi, je ne passe pas là-dessous
garçon!
qu'est-ce que tu prends?
excusez-moi...
VOILÀ CE QU'IL PREND!
je voulais juste remettre droite la bretelle de sa robe!
il est sympa ton copain, mais il est un peu obsessionnel non?

JE VOULAIS JUSTE VÉRIFIER QUE J'AVAIS BIEN MIS L'ADRESSE !

1. DOUTES ET MANIES

Chez tout le monde existent :

- des petites manies ;
- des doutes et des vérifications ;
- des superstitions et des évitements liés aux superstitions.

Petites manies

Par exemple, c'est vouloir que les choses soient toujours rangées dans un ordre précis (disposition de la vaisselle dans la machine à laver, ou des objets sur une table basse, etc.), ou effectuées d'une certaine façon. Pour les petites manies domestiques, nous avons, en général, des « habitudes légitimes », alors que le conjoint n'a que des « manies absurdes »…

Chez certains, ces manies s'expriment au travers d'un besoin de symétrie (tableaux au mur bien droits et non penchés), ou de propreté (enlevez vos chaussures à cause de la moquette).

Doutes et vérifications

On peut parfois douter d'avoir bien fait quelque chose (bien mis l'adresse sur une lettre postée, bien fermé la porte avant de partir en vacances) et avoir alors envie de vérifier (que l'on a bien éteint la lumière ou la plaque électrique, ou fermé le robinet d'eau).

Superstitions

Enfin, beaucoup d'entre nous sont victimes de petites superstitions quotidiennes : s'efforcer de ne pas marcher sur les lignes au sol, toucher du bois pour ne pas porter malheur, ne pas vouloir porter le numéro 13 (il n'existe pas de voitures de course n° 13, ni de 13e étage dans les hôtels nord-américains, et on n'aime pas être 13 à table...), ne pas passer sous une échelle.

Parfois, cela aboutit à ce qu'on appelle la « pensée magique ». Par exemple, se dire : « Si le bus arrive avant 10 h 45, il fera beau tout le week-end » ou : « Si je croise 3 blondes avant la station de métro, cela veut dire que j'aurai mon examen. »

Est-ce normal ?

Oui, si ces phénomènes n'arrivent que de temps en temps, et si nous pouvons les chasser facilement de notre esprit, ou leur désobéir sans anxiété. Cela peut arriver à tout le monde, plus facilement lors de périodes de fatigue ou de stress.

J'TE DIS LES CINQ LETTRES !

Pourquoi ces manies ?

Le plus souvent, nos manies servent à conjurer nos petites angoisses. Chez l'enfant, on sait qu'il existe des véritables « rituels du coucher » : besoin d'un doudou, toujours le même (catastrophe s'il est perdu !), d'une histoire (ne pas changer un seul mot !), d'objets rangés à la même place, de la porte de la chambre ouverte de telle façon avec telle lumière, etc. Ces manies sont normales dans la petite enfance ; mais après 5-6 ans, elles ne le sont plus tout à fait.

Il existe aussi des rituels assez fréquents chez les sportifs, et ce d'autant plus qu'il existe de forts enjeux ou un danger majeur. Ainsi, les rituels sont quasi-constants chez les pilotes de Formule 1 ou les matadors : façon de s'habiller avant l'épreuve (toujours dans le même ordre), prières ou gestes à effectuer impérativement pour écarter le mauvais sort.

Comment naissent les manies et superstitions ?

Voici une expérience scientifique classique

Des pigeons sont dans une cage. Un distributeur automatique leur envoie des graines, à intervalles de temps aléatoires, toute la nuit. Le lendemain, le chercheur arrive et trouve ses pigeons un peu bizarres : l'un se déplace en cercles, l'autre marche en laissant une aile traîner par terre, un troisième soulève constamment sa queue… Que s'est-il passé ? Animaux très facilement conditionnables, les pigeons ont eu tendance à refaire indéfiniment le geste qu'ils effectuaient au moment de la première distribution de grains. Et à penser que c'est grâce à la répétition de ce geste que les distributions suivantes ont eu lieu…

Chez l'homme, certains mécanismes sont sans doute proches. On peut toujours imaginer que le premier homme préhistorique qui a eu l'impression qu'en touchant du bois, il avait évité un danger l'a raconté aussitôt à toute sa tribu ; à partir de ce moment, tout le monde l'a fait, dans le cas où.

Difficile pour l'être humain d'accepter la notion de hasard : il est effectivement angoissant de se dire que nous ne contrôlons pas tout ce qui peut nous arriver ici-bas. Alors que nous aimerions bien tendre vers le risque zéro. Nous essayons donc tout ce qui semble nous rapprocher de ce risque zéro : on ne sait jamais, si on dit que les chats noirs portent malheur, il y a peut-être une raison. Pourquoi prendre un risque ?

2. LES « MANIAQUES » ET LA PERSONNALITÉ OBSESSIONNELLE

Nous avons tous connus dans notre entourage de ces personnes qu'on appelle « maniaques ». Les psychiatres parlent de « personnalité obsessionnelle », ce qui revient au même.

Qu'est ce qu'une personnalité obsessionnelle ?

Il s'agit de personnes présentant un certain nombre de traits de caractère :

- elles portent une attention excessive aux détails ;
- elles sont très investies dans le travail et la réalisation de tâches, au détriment des temps de repos et de détente, des relations amicales, des activités agréables ;
- elles sont consciencieuses, scrupuleuses, parfois entêtées, un peu rigides ;
- elles ont souvent de la difficulté à exprimer leurs émotions, présentent une certaine retenue, qui peut être prise pour de la froideur ;

• elles n'aiment pas jeter, même des objets usés ou sans valeur ;

• elles ont du mal à déléguer, et à travailler avec d'autres (les choses doivent être faites de la bonne façon : classement des dossiers, tonte de la pelouse…) ;

• elles ont une certaine réticence à dépenser leur argent, à gaspiller ;

• face à certaines activités inhabituelles ou angoissantes, elles peuvent faire preuve de procrastination (difficulté à prendre des décisions, tendance à repousser le moment d'agir, doutes après coup) ;

• elles ont souvent un certain goût pour la symétrie, l'ordre et le rangement.

MON COPAIN JEAN-JACQUES EST UN PEU MANIAQUE

Autrement, ne laisse jamais tremper les couverts dans l'eau!
ils ont des manches en corne.
Ça les abîme!
Le couvercle de la cocotte, c'est pareil! Tu le plonges pas dans l'évier!
il faut pas!
Bon, après il faut essuyer...
Si la vaisselle sèche toute seule, ça laisse des traces
Donc çà, c'est le torchon pour les verres...
Et celui-là, c'est pour les mains.
Voilà, je t'ai tout expliqué.
Mais en fait, je crois que je ferais mieux de le faire moi-même!

Psychologie des maniaques

Ce profil correspond toujours à des personnes anxieuses (même si elles n'expriment pas ouvertement leurs inquiétudes), qui ont du mal à supporter l'imprévu et l'incertitude. Elles tentent donc de lutter contre leurs angoisses en développant un sentiment de contrôle sur leur environnement, notamment matériel : tout ce qui est logique, routinier, ordonné… représente autant de signaux sécurisants pour elles (« Tout est sous contrôle, rien de grave ne devrait arriver. »).

Avantages et inconvénients

Être un peu obsessionnel est adapté à certains milieux très codifiés, où on a besoin de règles strictes et de gens qui les respectent (armée, ordres religieux, certaines administrations, etc.). Les personnalités obsessionnelles sont aussi très adaptées aux métiers où la méticulosité et les vérifications sont utiles : comptables et ingénieurs, par exemple.

Par contre, d'autres contextes pourront leur poser des problèmes : tous les moments ou activités où il faut se laisser aller, accepter l'incertitude, l'imprévu, le changement de règles ou d'emploi du temps au dernier moment (vente, services après-vente, marketing, création artistique, etc.).

3. LE TOC

Qu'est-ce que le TOC ?

Le TOC (Trouble Obsessionnel Compulsif) est une maladie anxieuse, marquée par divers symptômes, principalement des obsessions, des compulsions et des évitements anxieux.

Qu'est-ce qu'une obsession ?

On appelle obsession toute idée, image ou pensée pénible qui s'impose à l'esprit de manière répétitive et persistante (du latin *obsidere*: assiéger).

Les obsessions peuvent porter sur différents thèmes :

• **obsessions de contamination** (« J'ai touché quelque chose qui était peut-être sale ou souillé. ») ;

• **obsessions de doute** (« Et si j'avais écrasé, sans m'en rendre compte, le cycliste que je viens de dépasser ? »). Les psychiatres du XIXe siècle appelaient le TOC « folie du doute » ;

• **obsessions d'erreur** (« Ai-je bien posé cette perfusion ? », pour une infirmière ; « Ai-je prescrit le bon médicament ? », pour un médecin) ;

• **obsessions de malheur** (« Et s'il arrivait malheur à un proche ? ») ;

• **obsessions d'obscénité** (être assailli par des images pornographiques récurrentes, non désirées, s'imposant à notre esprit) ;

• **obsessions d'agressivité** (« Et si je jetais mon enfant par la fenêtre ? Si je lui donnais un coup de couteau ? »).

TOC
Est-ce que j'ai mis le réveil à sonner ?
CLIC !
C'est bon.
Est-ce que j'ai mis le réveil à sonner ?
CLIC !
C'est bon.
Est-ce que j'ai mis le réveil à sonner ?
CLIC !
C'est bon.
Est-ce que j'ai mis le réveil à sonner ?
CLIC !
C'est bon.
Est-ce que j'ai mis le réveil à sonner ?
CLIC !
C'est bon.

DRiii
NG!!

est-ce que j'ai bien fermé la porte ?
oui !
est-ce que j'ai bien fermé la porte ?
oui !
est-ce que j'ai bien fermé la porte ?
oui !
est-ce que j'ai bien fermé la porte ?
oui !
est-ce que j'ai bien fermé la porte ?
oui !
est-ce que j'ai fermé le robinet ?

Caractéristiques des obsessions

Par rapport à un doute « normal », les obsessions sont :

• **intrusives** (elles s'imposent à la conscience) ;

• **inappropriées et désagréables** (elles ne correspondent pas forcément aux souhaits de la personne, ou à ce qu'elle apprécie de faire ou de penser) ;

• **angoissantes et pénibles** (elles déclenchent de l'anxiété ou de la honte) ;

• **récidivantes** (elles ne se produisent pas qu'une fois, mais des dizaines ou des centaines de fois par jour) ;

• **relativement fixes** (ce sont souvent les mêmes pendant des mois ou des années).

En général, les obsessions sont accompagnées de rituels ou de compulsions.

Qu'est-ce qu'un rituel ou une compulsion ?

Il s'agit de comportements, ou d'actes mentaux, que l'on se sent obligé d'accomplir à la suite d'une obsession, et qui abaissent momentanément l'anxiété et la culpabilité liées à l'obsession.

Les rituels peuvent avoir un rapport avec l'obsession : le comportement « se laver les mains » (rituel) se déclenche si on pense « ce que j'ai touché était souillé » (obsession). Mais ce rapport n'est pas toujours très clair : un patient souffrant de TOC peut, par exemple, se sentir obligé de réciter les 10 premiers chiffres à l'envers, 3 fois de suite, sans être interrompu (rituel), s'il a croisé un enfant du même âge que le sien, à cause de la pensée « si je ne le fais pas, il lui arrivera malheur » (obsession).

Quels sont les rituels les plus fréquents ?

Trois familles de patients TOC sont fréquemment retrouvées : les laveurs, les vérificateurs, les compteurs. Leurs rituels consistent respectivement en des :

• **lavages répétés** : douches pendant une heure, plusieurs fois par jour ; lavages de mains des dizaines de fois par jour, à chaque fois, à plusieurs reprises consécutives, désinfections (par exemple, un patient qui porte toujours sur lui un petit flacon d'alcool à 90° pour se désinfecter discrètement les mains à chaque fois qu'il pense les avoir souillées) ;

• **vérifications** : descendre de sa voiture pour vérifier qu'on n'a écrasé personne. On recherche alors fiévreusement des traces de choc ou de sang sur les pare-chocs ou les ailes. Toutes les vérifications domestiques : portes de maison, de boîte à lettres, gaz, eau, électricité, portes de voiture ;

• **rituels mentaux** : répétition de phrases, formules, prières, séries de chiffres « magiques » ou d'opérations arithmétiques, qui doit, en général, être exécutée selon un ordre et une procédure stricts (si celle-ci est interrompue ou perturbée par un événement extérieur, il faut tout recommencer depuis le début). Ces patients sont souvent prisonniers des chiffres et d'opérations mentales compliquées : compter, additionner, soustraire.

Deux autres familles de TOC sont un peu plus rares

• **Les obsédés de l'ordre et de la symétrie** : tous les objets chez eux doivent être rangés selon un ordre strict et immuable ; ils sont très angoissés si quelqu'un (un invité non informé, un enfant) dérange ou met de travers (un coussin, un objet). En général, ils ont beaucoup de mal à accepter qu'une personne non prévenue vienne chez eux, et n'ont donc jamais de femme de ménage ou de véritable vie sociale (comment savoir à l'avance si les invités ne sont pas d'effroyables désordonnés ?).

• **Les accumulateurs** : ces patients ne peuvent rien jeter, qu'il s'agisse de vieux journaux, de factures de plusieurs années, de boîtes ou de bouteilles vides, de vêtements usagés, etc. Une patiente à la retraite (et qui aimait la lecture...) avait ainsi gardé dans son appartement tous les journaux qu'elle avait lu depuis des décennies : on ne pouvait se déplacer chez elle qu'en cheminant entre des piles de vieux papiers montant jusqu'au plafond. Les voisins n'avaient qu'une peur : l'incendie... Un autre patient avait transformé son jardin en sanctuaire pour bouteilles vides...

Rituel : logique ou magique ?

Le rituel de la personne obsessionnelle représente très clairement le passage du logique au magique : autant se laver les mains après avoir touché des objets sales peut être légitime, autant les dizaines de lavages répétés du TOC ne reposent plus sur aucune base logique ; autant garder une revue à laquelle on tient, ou un vieux pull qui nous rappelle de bons souvenirs est compréhensible, autant les garder tous devient plus préoccupant.

ENCORE UN MANIAQUE DE LA SYMÉTRIE !

Qu'est-ce qu'un évitement ?

Les personnes souffrant de TOC évitent méthodiquement de se confronter à ce qui les angoisse.

Celle qui a peur de la contamination par des maladies porte des gants même en plein été, évite de serrer les mains (dans les couloirs de son entreprise, elle porte toujours des paquets pour avoir une excuse) ; elle se débrouille pour ne pas avoir à ouvrir les poignées de porte dans les lieux publics (elle attend que quelqu'un rentre, ou le fait avec le coude), elle surveille attentivement les taches sombres sur le sol, au cas où ce seraient des taches de sang de quelqu'un qui aurait le sida (risque imaginaire de contamination).

Un patient TOC peut ainsi jeter des vêtements supposés souillés, au lieu de les laver ; se promener avec des bottes en plein été, pour ne pas prendre le risque d'une contamination microbienne venue du sol, et grimpant par les chaussettes...

La vie d'enfer d'Alice

Quand je prends le métro, il m'est impossible de descendre à la station Denfert-Rochereau. Dans "DENFERT", il y a "ENFER". Si j'y descendais il pourrait arriver une catastrophe ; la mort d'un de mes proches par exemple. Je ne dois même pas lire le nom de la station. Alors je regarde par terre. Si par malheur ce nom me tombe sous les yeux, je dois alors le lire cinq fois (c'est le nombre de plaques qu'il y a dans la station) pour atténuer mon angoisse et conjurer le mauvais sort.

Je ne peux pas non plus descendre à la station CAMBRONNE. J'aurais peur de perdre le contrôle de moi-même, de devenir agressive, de me mettre à insulter les gens.

C'est comme la station DUROC. Avant, je m'y arrêtais pour aller voir ma copine Amélie. Mais maintenant que nous sommes fâchées, je n'y descends plus jamais. J'aurais peur, si je le faisais, de perdre alors d'autres amis.

Léa :

"Il y a des chiffres que je n'aime pas. Le 1, (le 1, c'est moi et mes problèmes) Le 3 (c'est mes parents et moi ; des souvenirs difficiles). Et le 6. J'ai horreur du 6. Quand je fais mes courses, je ne prends jamais plus de cinq articles. Si j'ai besoin de plus de choses, je dois y retourner. Je ne prends jamais aucun article vendu par lot de 6 (les yaourts par exemple, ni rien dont le prix se termine par un six. Et la somme totale de mes courses ne doit pas faire dans les soixante euros, ni se terminer par un six. À la caisse, s'il y a six personnes devant moi, je n'y vais pas. Un jour, la caissière a ouvert la caisse n°6 et m'a invitée à passer. Je n'ai pas osé refuser. Mais en rentrant, j'ai tout mis à la poubelle."

Monsieur Blanchot dans le métro.

Vous ne verrez jamais Monsieur Blanchot avec un billet de banque dans la main.

L'idée de toucher de l'argent palpé, tripoté, contaminé par des milliers de gens lui est insupportable. Ce qui est drôle, c'est qu'il travaille au Ministère des Finances.

Pour se rendre au travail, il prend le métro. Mais il lui est impossible de glisser son ticket dans la machine. Il y serait immanquablement souillé, la machine ayant été elle-même salie par les milliers de tickets qu'on y a fait passer. Alors lui qui a horreur de la fraude, il saute par-dessus le tourniquet.

Marie-Claire n'aime pas les miettes.

Pour Marie-Claire, l'idée que des miettes de nourriture puissent tomber sur elle, était insupportable.

C'est pour cette raison qu'elle mangeait assise sur un escabeau.

Les soucis de Patrick

Il est prof dans un collège.

Là où un autre de ses collègues met une heure à corriger des copies, il en mettra quatre. Il **vérifie** plusieurs fois que ses corrections sont justes, puis qu'il ne s'est pas **trompé** dans l'addition des différents exercices. Enfin, il compare au moins cinq fois qu'il n'a pas fait **d'erreur** en reportant la note sur le bulletin. Il craint qu'une **faute** entraîne un préjudice grave pour l'élève.

Chez lui, tout a une place bien précise. Quand il s'habille, il enfile ses habits toujours dans le même ordre. Et toujours la jambe gauche du pantalon avant la jambe droite.

Il **vérifie** trois fois que sa braguette est bien fermée, en comptant "1-2-3" à voix basse (car ça énerve sa femme).

Le retour de Plastic Bertrand

L'OBSESSION de Bernadette Bertrand était la saleté, les microbes. Elle n'achetait le journal que pour s'asseoir dessus.
Elle s'était cousu une braguette entre les jambes pour pouvoir faire pipi sans baisser son pantalon.
Et comme elle portait en permanence des gants en plastique, on l'appelait "Plastic Bertrand".

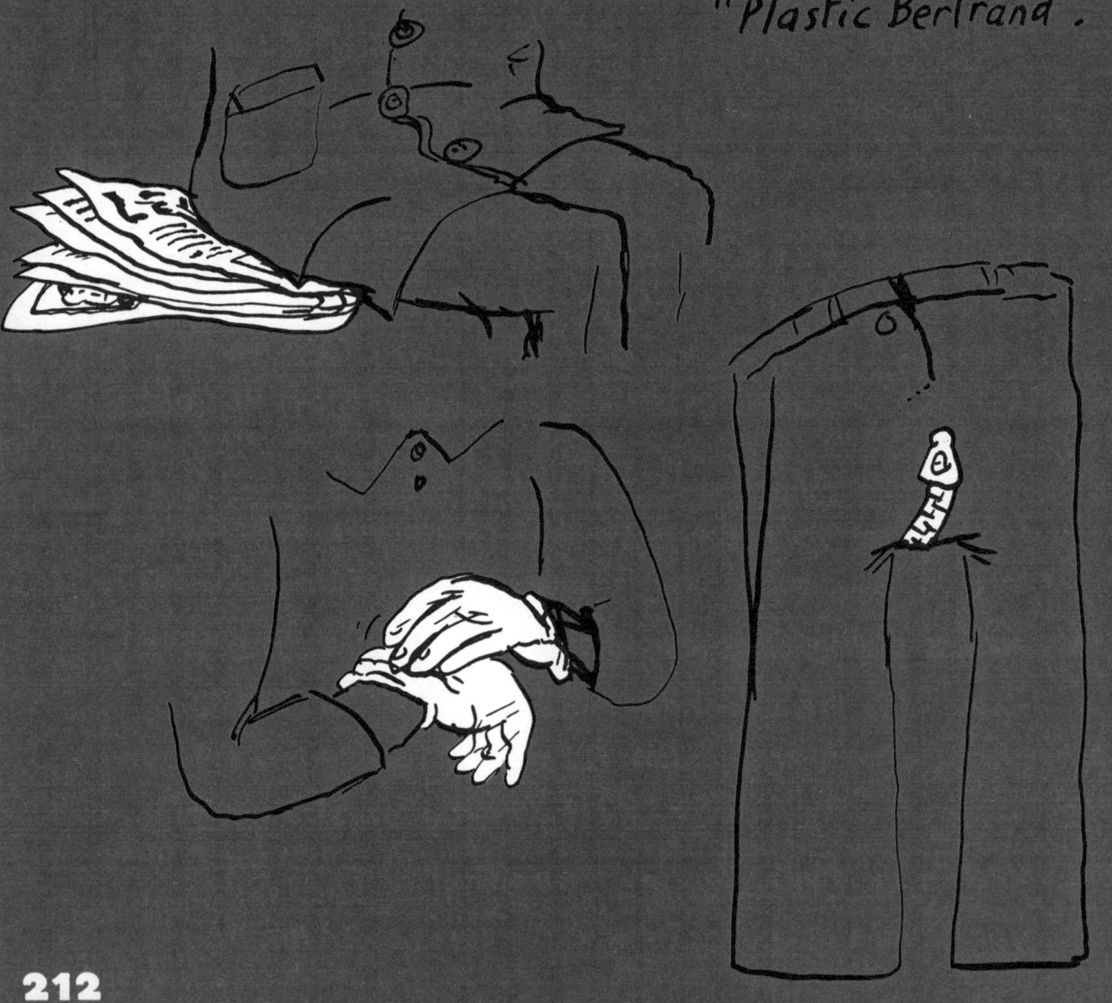

Gérald et ses boîtes

" Il va encore falloir que je déménage. Je sais que c'est absurde, mais je ne peux rien jeter. J'aurais l'impression d'une perte irrémédiable. Chez moi les boîtes de conserve vides s'accumulent. Je les stocke partout : sous mon lit, dans la baignoire. Maintenant ça déborde dans l'entrée. Un médecin est venu me voir l'autre jour ; il n'arrivait pas à ouvrir la porte. Et puis maintenant, toutes ces boîtes ont attiré des rats. Les voisins se sont plaints. Mes parents vont devoir me louer un autre appartement. "

Le handicap des patients souffrant de TOC

Les personnes atteintes de TOC sont tout à fait conscientes du caractère excessif de leurs « manies », mais ne peuvent pas s'y soustraire.

Leur intelligence est normale. Ces patients ne sont pas « fous », même si la logique du TOC a quelque chose d'absurde.

Quand ils essayent de lutter contre leurs obsessions ou de désobéir à leurs compulsions, ils se sentent devenir très anxieux. C'est pourquoi, le plus souvent, ils préfèrent se soumettre aux obsessions et leur obéir. Mais plus ils s'y soumettent, plus ils en sont prisonniers : c'est le cercle vicieux du TOC.

Le cercle vicieux du TOC

Pour porter le diagnostic de TOC, les psychiatres considèrent qu'il faut plus d'une heure de temps par jour soit perdue à cause des obsessions-compulsions. En pratique, ce temps est en fait le plus souvent dépassé : la plupart des patients perdent souvent plusieurs heures par jour en vérifications, lavages ou comptages.

Tout cela entraîne beaucoup de détresse et de souffrances : le sentiment de ne pas avoir le contrôle de soi, d'être l'esclave de phénomènes épuisants est quelque chose de profondément angoissant et dévalorisant.

Enfin, la fatigue et l'épuisement, liés à la charge mentale du TOC, gâchent considérablement la qualité de vie : les obsessions sont constamment présentes, et empêchent toute forme de détente, de loisirs.

Le TOC épuise aussi l'entourage

Le TOC peut aussi provoquer une coupure du lien avec les proches : ceux-ci ne comprennent pas pourquoi la personne ne lutte pas davantage, s'irritent de la voir consacrer plus de temps aux rituels qu'à la vie familiale. Mais parfois, ils sont aussi obligés de ritualiser avec le patient : ils doivent alors se laver les mains à chaque occasion, aider à vérifier tous les soirs que chaque porte ou fenêtre est bien fermée, etc. Sinon, leur proche souffrant de TOC peut se mettre en colère, les menacer, ou présenter une crise d'angoisse bien culpabilisante pour l'entourage (« Regarde dans quel état tu m'as mis ! »).

À partir de quand est-ce pathologique ?

Nous l'avons vu, des petites manies et des superstitions existent aussi chez les sujets « normaux », en tout cas, ne souffrant pas de TOC.

De même, des obsessions normales existent chez tout le monde. Par exemple, une chanson stupide qu'on ne peut pas se sortir de la tête pendant trois heures ou trois jours. La plupart des soucis quotidiens peuvent prendre pour quelque temps une dimension obsessionnelle (on ressasse ses problèmes de travail ou d'argent...). Ou même, mais c'est alors moins désagréable, les idées fixes amoureuses (penser en permanence à la personne aimée).

Tic
TOC
Tic
TOC

ça ne s'arrête jamais

OBSESSiON

LES DIFFÉRENCES ENTRE OBSESSIONS, PETITES MANIES « NORMALES » ET TOC	
Ce qui peut être normal	**Ce qui l'est déjà moins**
IDÉES FIXES ET OBSESSIONS	
Une idée fixe de temps en temps, quelques heures ou quelques jours, mais le plus souvent l'esprit est libre.	Les obsessions sont constantes, et présentes en permanence ou presque.
On peut chasser l'idée fixe avec un certain succès.	À peu près impossible à chasser durablement de son esprit.
Agaçant.	Angoissant.
PETITES MANIES ET RITUELS	
Vos manies sont satisfaites en peu de temps (vous ne vérifiez, rangez, lavez… qu'une fois).	Vos manies vous demandent beaucoup de temps (vous devez les faire et refaire à l'infini).
Vos manies sont assez simples (ne pas marcher sur les lignes du trottoir).	Certaines de vos manies sont assez compliquées : ce sont de véritables rituels (ne pas marcher sur les lignes du trottoir, tout en évitant de penser à des chiffres impairs ou à quelqu'un que vous aimez, et en évitant à tout prix de regarder les voitures rouges, etc.).
Si vous ne pouvez pas effectuer vos petites manies (devoir supporter du désordre, ne pas vous doucher ou vous laver les mains, ne pas pouvoir vérifier…), vous êtes un peu crispé ou contrarié, mais vous tenez le coup.	Si vous ne pouvez effectuer vos rituels, vous pouvez être très angoissé ou devenir verbalement agressif avec la personne qui vous en empêche.

Culpabilité et TOC

Les patients souffrant de TOC ressentent, en fait, constamment la crainte de provoquer des catastrophes dont ils seraient entièrement responsables à cause de leur inattention ou de leur « légèreté » vis-à-vis des dangers potentiels de l'environnement. Ils envisagent à chaque fois le risque maximum possible, et construisent leur comportement et leur raisonnement autour de cela.

Les causes du TOC

On connaît assez mal les causes du TOC.

Cette maladie anxieuse peut débuter chez le jeune enfant (dès l'âge de 3 ans parfois) ou peut attendre l'âge adulte (début rare après 25 ans). En moyenne, les TOC démarrent vers 12 ans.

Les aspects génétiques jouent sans doute un rôle important. Par exemple, on retrouve une concordance du TOC plus élevée chez les jumeaux monozygotes (« vrais jumeaux ») que chez les hétérozygotes (« faux jumeaux »).

Le rôle des facteurs éducatifs n'a pas été démontré : on ne peut pas créer une maladie comme le TOC chez un enfant simplement en lui infligeant une éducation trop tournée vers l'hygiène, ou en lui assénant des principes moraux ou religieux le poussant au scrupule et à la culpabilité. Cela peut par contre aggraver des tendances préexistantes.

La personnalité n'est pas non plus la cause du TOC : beaucoup de patients TOC n'ont pas une personnalité obsessionnelle, comme nous l'avons décrite plus haut.

Donc, il y a aujourd'hui encore peu de certitudes sur les causes de la maladie.

Par contre, on la soigne bien mieux qu'autrefois.

4. CONSEILS

Quelques conseils au quotidien

Que vous soyez juste un peu maniaque, ou que vous souffriez de TOC (dans ce cas, un traitement vous sera nécessaire pour appliquer ces conseils), pour que vos manies ne prennent trop de place au quotidien :

- ne cherchez pas à toujours tout contrôler dans votre vie ; acceptez l'imprévu, la contradiction, l'humour sur vous-même (et sur vos manies !) ;
- ne cherchez pas à atteindre le risque zéro ;
- n'imposez jamais vos manies aux autres, ne les érigez pas en règle familiale (« On se désinfecte les mains avant de passer à table ! ») ou en loi générale (« C'est dégoûtant cette manie de se serrer les mains tout le temps pour se saluer, on devrait la supprimer ! ») ;
- ne cédez pas complaisamment aux rituels et aux manies, considérez-les comme des hôtes indésirables, invités chez vous sans votre accord, et rendez-leur la vie difficile en ne leur obéissant pas toujours (c'est qui, le chef, à la fin ?) ;
- changez souvent vos petites habitudes (horaires, trajets, disposition des meubles ou des objets) ;
- sortez et invitez, les manies et le TOC prospèrent plus facilement dans des modes de vie en vase clos ;
- en cas de doute, consultez un spécialiste.

MOI, S'IL Y A UN TRUC QUE JE NE SUPPORTE PAS, c'est qu'on tourne les pages n'importe comment !
Tournez par le coin s'il vous plaît !

Le traitement du TOC

Les médicaments

Les traitements aujourd'hui les plus adaptés restent les antidépresseurs « sérotoninergiques », qui agissent en augmentant les quantités de sérotonine dans les synapses cérébrales.

Ils exercent leurs effets même en l'absence de dépression, car ils ont une efficacité « anti-TOC » intrinsèque. Ils permettent de ressentir moins d'obsessions et de lutter plus facilement contre la tendance à ritualiser.

Problème : si le TOC – comme cela semble être le cas – est une maladie chronique, comparable à l'hypertension artérielle ou au diabète, est-il possible d'arrêter un jour le traitement, ou doit-il être pris à vie chez certains patients ? On l'ignore encore. Ce qu'on sait c'est que ces médicaments doivent être pris longtemps, qu'ils sont bien tolérés et compatibles avec une vie active, et qu'il vaut mieux aller bien sous médicaments que mal sans…

Chaque fois que c'est possible, il est intéressant d'associer les médicaments à une psychothérapie.

TOC
TOC

PSY

Les psychothérapies

Deux méthodes psychothérapiques issues des thérapies comportementales et cognitives ont fait leurs preuves :

• L'exposition avec prévention de la réponse.

Comme pour tous les anxieux, il s'agit pour le patient d'apprendre à affronter ses peurs sans leur céder : elles reculeront alors peu à peu au lieu de toujours réapparaître, ce qui est le cas si on leur obéit.

Le thérapeute demandera en plus aux personnes souffrant de TOC de ne pas ritualiser lors de la confrontation, d'où le nom de la technique : on fait la prévention de la « réponse » à l'anxiété que représente le rituel.

Le patient doit donc mener une double lutte contre les évitements (avec l'exposition) et contre les rituels (avec la prévention de la réponse). C'est fatigant et difficile, d'où le besoin d'être aidé par un thérapeute.

Exemple

Un patient pense qu'on peut se contaminer et attraper des maladies graves en touchant la plupart des objets. Il évite donc : de toucher les poignées de porte et tous les objets qui peuvent avoir été touchés par d'autres (poignées dans le métro ou le bus, argent). Il ne ramasse jamais un objet tombé à terre. S'il a dû toucher (ou même frôler) un objet suspect, il tend à se laver les mains à chaque fois qu'il pense les avoir souillées.

Le thérapeute, avec son accord, va lui proposer comme exercices : poser ses mains par terre, ramasser des objets tombés au sol, toucher des poignées de porte (exposition), etc.

Le patient va le faire, mais sans se laver les mains ensuite, comme il l'aurait fait spontanément (prévention de la réponse).

Au début, cela l'angoisse beaucoup (« Docteur, vous êtes vraiment sûr qu'il n'y a aucun danger ? »), puis au bout d'un moment, en général il faut une demi-heure ou une heure, il voit que son anxiété diminue.

Le thérapeute lui donne alors des exercices à répéter entre les séances (laisser tomber volontairement ses clés sur le trottoir tous les jours et les ramasser, etc.), pour bien ancrer ces nouveaux réflexes de confrontation aux peurs, et l'aider à réaliser que ses craintes (« Si je ne me lave pas les mains, je vais rendre tout le monde malade. ») ne sont pas fondées. Peu à peu, le patient répétera ces exercices, et les généralisera à toutes ses obsessions-compulsions.

• La restructuration cognitive.

Le thérapeute va apprendre au patient TOC à critiquer ses craintes, à ne pas les considérer comme toujours et totalement fondées.

Il utilise plusieurs techniques, dont celle dite du « scénario catastrophe » : il s'agit de faire prendre conscience au patient de la peur sous-jacente aux obsessions-compulsions en allant jusqu'au bout de la logique du TOC, pour qu'il réalise à quel point elle est excessive.

Exemple

Un patient qui se sent obligé de toujours sortir des endroits où il se trouve par le pied droit, de lire toutes les plaques d'immatriculation des voitures lorsqu'il conduit ou qu'il marche dans la rue, de terminer la lecture des journaux sur un mot comptant un nombre pair de lettres, etc. Il se sent « obligé » de faire cela, sinon il est très angoissé. Mais en fait, sa crainte est de porter malheur aux gens qu'il aime s'il ne le fait pas, notamment à ses enfants. Surtout, il a parfois des « mauvaises pensées » envers les gens : chaque fois qu'il se sent agacé par quelqu'un, ou envieux ou en colère, etc. cela lui est insupportable. Il a alors peur de perdre le contrôle de lui-même et d'insulter violemment les personnes concernées, ou bien que ces mauvaises pensées n'attirent le malheur et la maladie sur ses proches.

Son cheminement « logique » de TOC est le suivant :

« Il existe des forces cachées qui peuvent entraîner chance ou malchance.

Si on ne leur obéit pas, cela peut porter malheur.

Penser quelque chose, cela revient à le faire.

Une mauvaise pensée est aussi grave qu'un mauvais geste.

Il ne faut pas faire le mal.

Le mal attire le mal, et le malheur peut alors frapper autour de moi… »

La thérapie va alors consister à lui faire prendre conscience de ces mécanismes psychologiques, et à les contester :

« Suis-je le seul à avoir des mauvaises pensées ? Est-ce que tous ceux qui en ont portent malheur à leurs proches ? Ai-je des preuves que ça marche comme ça ? » etc.

Le thérapeute va aussi faire accomplir à son patient des « épreuves de réalité ». C'est-à-dire qu'il va commencer doucement à le faire « désobéir » à ses croyances : par exemple, dire à voix haute avec le thérapeute une pensée critique sur quelqu'un (« Parfois, Machin m'énerve avec sa manie de toujours vouloir tirer la couverture à lui dans les discussions. »), et voir si cela déclenche des catastrophes…

Il est important que le patient comprenne peu à peu que le risque zéro n'existe pas. Le TOC n'est pas un délire, et n'est jamais totalement absurde : on peut éventuellement se contaminer en touchant des objets, ou un robinet oublié peut parfois provoquer une inondation, qui peut parfois provoquer un court-circuit, qui peut parfois provoquer un incendie, etc. Mais en vérité, et dans les circonstances habituelles de vie, le risque est très faible : cependant la personne souffrant de TOC a du mal à l'accepter. Vivre, c'est pourtant prendre des risques…

CONCLUSION
ah! t'es encore là ?!
allez, va jouer!
c'est marrant tout de même...
T'as vu le petit là ? il n'ose pas s'approcher des autres.
c'est un timide!
et celui-là! regarde, il aligne ses pâtés de façon impeccable!
l'obsessionnel typique!
et la gamine là-bas, qui n'ose pas descendre!
elle fait un de ces bouchons!
tu vas pouvoir la soigner pour son acrophobie!
Maman! je veux rentrer! il y a trop de bruit ici!
voyons... t'es toujours enfermée à la maison! il faut sortir!
alors là, je diagnostique une nette tendance agoraphobe!

et écoute le petit là ! il arrête pas de demander à sa mère si c'est l'heure de rentrer et s'il y a des monstres dans le sable !
caractéristique de l'anxiété généralisée !
ho ! tu m'écoutes ?
hein ?
quoi ?
mais c'est pas vrai ! t'es où là ?!
excuse-moi...
je me suis mis au dessin... je t'avais pas dit ?
?!
regarde, qu'est-ce que t'en penses ?
à mon avis, tu ferais mieux de continuer la psychiatrie !
on ne s'improvise pas dessinateur comme ça !

DES MÊMES AUTEURS

Christophe André

Christophe André, François Lelord,
L'Estime de soi : s'aimer pour mieux vivre avec les autres,
Éditions Odile Jacob, 1999.

Christophe André, *Les Phobies*,
coll. « Dominos », Éditions Flammarion, 1999.

Christophe André, François Lelord,
Comment gérer les personnalités difficiles,
Éditions Odile Jacob, 2000.

Christophe André, Patrick Legeron,
La Peur des autres : trac, timidité et phobie sociale,
Éditions Odile Jacob, 2000.

Christophe André, François Lelord,
La Force des émotions : amour, colère, joie…
Éditions Odile Jacob, 201.

Muzo

Muzo, *J'habite ici*, association Placid et Muzo, 1984.

Muzo, *Adieu*, Éditions du Dernier Terrain Vague, 1989.

Muzo, Philippe Lagautrière, *Muzautrière*, Éditions Images-Images, 1990.

Muzo, *Coco Pimpolet sauve la princesse*,
coll. « Zéphyr », Éditions Albin-Michel-jeunesse, 1995.

Muzo, Hervé Prudon, *Au matin, j'explose*,
coll. « Les mascarets du Ricochet », éditions du Ricochet, 1999.

Muzo, Hervé Prudon, *J'ai trois ans et pas toi*,
Éditions Verticales, 1999.

Muzo, Catherine Bourzat, *De bouche à oreille*,
coll. « 13 à la douzaine », Zouave Éditeur, 2000.

Muzo, Hervé Prudon, *Dead Line*, Éditions Liber niger, 2000.

Muzo, *On a volé le coffret à bisous*, Éditions École des loisirs, 2001.

Muzo, Georges Brassens, *Le Brassens illustré*,
coll. « Les chanteurs s'illustrent », Éditions Albin-Michel, 2001.

Muzo, *C'est pas juste !*, coll. « Tête de lard »,
Éditions Thierry Magnier, 2001.

POUR EN SAVOIR (ENCORE !) PLUS

Sur l'anxiété et les phobies en général

Éric Albert, Laurent Chneiweiss, *L'Anxiété au quotidien*, coll. « Santé au quotidien », Éditions Odile Jacob, 2000.

Christophe André, *Les Phobies*, coll. « Dominos », Éditions Flammarion, 1999.

Stephen Garber, Marianne Garber, Robyn Spizman, *Les Peurs de votre enfant*, Éditions Odile Jacob, 2000.

Richard Stern, *Maîtriser ses phobies*, coll. « Poche pratique », Éditions Marabout, 2001

Sur l'anxiété généralisée

Albert Ellis, *Dominez votre anxiété avant qu'elle ne vous domine*, Éditions de l'Homme, 2000.

Sur l'anxiété sociale

Christophe André, Patrick Legron, *La Peur des autres : trac, timidité et phobie sociale*, Éditions Odile Jacob, 2000.

Charly Cungi, *Savoir s'affirmer*, coll. « Savoir communiquer », Éditions Retz, 2001.

Frédéric Fanget, *Affirmez-vous : pour mieux vivre avec les autres*, coll. « Guide pour s'aider soi-même », Éditions Odile Jacob, 2000.

Sur le trouble panique

Jean-Luc Émery,
Surmontez vos peurs : Vaincre le trouble panique et l'agoraphobie,
coll. « Guide pour s'aider soi-même », Éditions Odile Jacob, 2000.

André Marchand, Andrée Letarte, *La Peur d'avoir peur,*
Éditions Stanké, 1993.

Sur le TOC

Alain Sauteraud,
Je ne peux pas m'arrêter de laver, vérifier, compter :
mieux vivre avec un TOC,
coll. « Guide pour s'aider soi-même », Éditions Odile Jacob, 2000.

Jean Cottraux, *Les Ennemis intérieurs : obsessions et compulsions,*
Éditions Odile Jacob, 2000.

Franck Lamagnère, *Manies, peurs et idées fixes,*
coll. « Psychologie dynamique », Éditions Retz, 1994.

TABLE DES MATIÈRES

Imprimé en France
Achevé d'imprimer sur les presses de MAME Imprimeurs à Tours
Flashage numérique CTP (n° 02012208)